# 原来这就是逻辑学

## 16堂大师逻辑课

董桂萍　著

U0319495

化学工业出版社

·北京·

**图书在版编目（CIP）数据**

原来这就是逻辑学：16堂大师逻辑课 / 董桂萍著. —北京：
化学工业出版社，2024.7

ISBN 978-7-122-45585-7

Ⅰ.①原… Ⅱ.①董… Ⅲ.①逻辑学 Ⅳ.①B81

中国版本图书馆CIP数据核字（2024）第091180号

责任编辑：张　曼　　　　　　　　　封面设计：尹琳琳
责任校对：李雨晴　　　　　　　　　内文设计：王秋萍

出版发行：化学工业出版社（北京市东城区青年湖南街13号　邮政编码100011）
印　　刷：北京云浩印刷有限责任公司
装　　订：三河市振勇印装有限公司
710 mm×1000 mm 1/16　印张 12　字数 250千字　2024年7月北京第1版第1次印刷

购书咨询：010-64518888　　　　　　　　　售后服务：010-64518899
网　　址：http：// www.cip.com.cn
凡购买本书，如有缺损质量问题，本社销售中心负责调换。

定　　价：49.80元　　　　　　　　　　　　　版权所有　违者必究

# 使用说明书

## 逻辑学大师

卡通逻辑学大师形象更能贴近读者。

## 逻辑学大师介绍

用言简意赅的文字介绍逻辑学大师的生平和作品。

## 彭新武老师评注

对于逻辑学，每个人都有自己的见解。彭新武老师的这种评注体，堪为引玉之砖。

## 图解知识点

生动、形象地用图解式解构逻辑学难题，用活泼图画再现逻辑学场景。

## 参考书目

在每一堂课结束后，逻辑学大师会推荐一些参考书，让读者拓展知识，加深对课程的理解。

## 大师课堂

运用穿越时空的手法，邀请16位逻辑学大师逐一走进课堂，讨论与逻辑学密切相关的16个话题——现实的思考、概念、概括、过度概括、隐含意义、谬误、错误类比、片面性思考错误、集体思维、推理关系与模态逻辑、回避问题、同一律和矛盾律、排中律和充足理由律、统一场理论、人际沟通中的逻辑语原则、诈骗。

# 理性思考还是人云亦云

在大学任教的这些年里，我发现逻辑能力强的学生，普遍思路清晰、反应灵敏、学习效率高，而在我课下组建的一些小组研讨中，逻辑能力强的学生，总能先于他人发现研讨中真正重要的部分，进而化繁为简，直抵问题核心。毕业后进入社会，这批学生亦能在众多竞争者中脱颖而出。

当然，逻辑学的作用并不只是体现在学习和工作方面，它贯穿于生活的方方面面。不管我们是有意还是无意，逻辑无时不在影响我们的生活。据我多年的观察发现，世界上几乎所有的失误，都与人的逻辑能力有关，尤其是在网络、自媒体普及的今天。比如，我们每天都被来自诸如书籍、电视、网络的观点所包围，但仔细想想，这些观点都对吗？答案并非是肯定的。

在日常生活中，很多我们司空见惯且习以为常的观点，其实是自相矛盾的无效论证；很多看似振振有词的辩解，其实只是改头换面的语言幻象；有时候我们"自以为"的"有理有据"，其实根本就是毫无根据的感性偏见……

对于以上所及，有的人能够通过思考、推理、论证，做出明确判别，然而遗憾的是，有些人除了"照单全收""人云亦云"之外，基本上不做任何推敲。

在我们生活的周遭，对于业务员华而不实的推销术、集团负责人乱开空头支票的演说技巧，若用逻辑学的理论来一一检视，便能轻易发现其中充满许多似是而非的语言陷阱；至于电视上一则又一则的广告，在受过严格逻辑训练的人看来，除了用浮夸来吸引眼球之外，真正有价值的信息并不多。因此，身处互联网大数据时代的我们，很有必要将逻辑学重视起来，并将它作为工具来使用。而这本《原来这就是逻辑学：16堂大师逻辑课》就是指导人们进行实践的有力工具之一。

本书作者具备较深的逻辑学专业背景。她在逻辑学方面的研究自不必多说，但以"场景还原"的思路来撰写这本书，还是令我备感意外。科学严谨的逻辑学，究竟能不能以轻松幽默的形式体现呢？波普尔、休谟、孔德等大学者亲自授课，会是怎样一种情景？而逻辑学的核心知识点，这本书是否能讲得透彻？在没有通读书稿之前，我自然无法凭空想象，也不能随意给出结论。

接到书稿后，我基本上是一口气读完了这本书。过程是轻松愉悦的，作者为了兼顾逻辑学的严谨与读者的兴趣，花费了不少心力。书中既没有晦涩难懂的文字，也没有泛泛而言的空谈，而是去粗取精，系统全面地阐释了逻辑学的精要部分。这是一本能让人读得进去且愿意一页页读完的书。这是我通读书稿后，经过客观理性分析得出的结论。

最后，我希望这本书能够帮助到更多的朋友。无论你是在校学生，还是职场白领，我都希望你能把逻辑学当成你的左膀右臂，帮助你去开拓思路、增强创新精神，从而成为一个行动果敢、卓尔不群的人。

中国人民大学哲学院教授

当人们听到"逻辑学"这个词时，定会感觉既熟悉又陌生。说熟悉，是因为绝大多数人都知道这个词，还知道这是一门学科；说陌生，是因为如果让人们具体回答逻辑学到底讲的是什么，那么相信很多人一时又答不上来。

事实上，逻辑学是一门起源于古希腊的学问。它是人类怀疑精神的结晶，也是科学精神的源头。在绝大多数人的印象中，逻辑学晦涩难懂。那么，逻辑学对我们来说重要吗？

关于逻辑学的意义和价值，有一种"社会功能说"，它强调了逻辑学的社会功能性。比如，逻辑学能提高人文素质，培养科学精神，对开发智力和调节心理也非常有利，甚至还有利于促进社会和谐。虽然这种说法有一定的道理，但总会给人们抽象、空洞的感觉，让人无从了解逻辑学如何才能在实践中得以体现。其实，要想准确把握逻辑学的定义和价值，还要从逻辑学最基本的作用入手。

人们在做事、思考、说话的过程中，要使用概念，做判断、陈述，必要的时候还要进行推理论证。逻辑学的基本作用，正是帮助人们找到正确的方法去使用这些概念，去论述等。要是具体到个人生活、工作当中，就是帮你做明确的判断，找到正确的做事方法。所以说，如果你在生活中不学习一点儿逻辑学，就很容易成为别人观点的盲目听从者。举个例子，如果一个人站在你面前对你大声嚷嚷命运为何待我如此不公，如果你不假思索就同意了这个人的观点，你就相当于加入了"愤青"的队伍。因此，在这种关键的时刻，你必须保持清醒，冷静地告诉他这句话中的逻辑错误，然后再回击性地告诉他——你不必和因果争吵，因果从来就不会误人，你也不必和命运争吵，命运是最公平的审判官。

当然，这里只是简单地举一个例子。我们不能做愤青。愤青与逻辑清晰、思维敏捷的人的区别就在于，愤青在说话之前不会理性地分析事物的逻辑，所以愤青才会流于诡辩，才会在盲从中失去理智。因此，一个人要想准确地看待事物，正确地分析问题，就必须学好逻辑学，因为逻辑学是做好这一切的基础。

如今，关于逻辑学方面的专著在市面上有不少，可是现在很多人都没有时间和精力去细细地品读这些伟大的、沉甸甸的专著。再加上这些专著中有大量晦涩难懂的专业性术语和枯燥乏味的理论，对于没有任何基础的普通人来说，这些书简直就像天书一般。

不过请你相信，你现在看到的这本《原来这就是逻辑学：16堂大师逻辑课》绝不是这样，它会给你一种完全不同的感觉。本书既非浅显的泛泛而谈，又没有将那些天书般的理论生硬地摆在你面前，让你眼花缭乱，不知所云。本书是以知识与趣味相结合的方式，深入浅出地告诉你"什么是逻辑学"和"我们在生活中怎样学习和运用逻辑学"。在这里，你能见到西方著名的16位逻辑学大师，他们选择了16个在逻辑学中常见的观点或术语，采用对话和课堂实录的方式，将逻辑学浅显易懂地呈现在你的面前。你在看完之后不仅能明白什么是逻辑学，还能将逻辑学变成一把思维的宝剑，让自己愈发智慧。

逻辑学是一门工具性学科，其最显著的特征就是可以操作。只有每个人都将逻辑学的作用发挥好了，它的社会功能才能真真正正地体现出来。这是在逻辑学大众化过程中必须注意的问题。

# 目 录

# 波普尔老师主讲 "现实的思考"

现实中的答案永远没有简单的。

卡尔·波普尔（Karl Raimund Popper, 1902—1994）

　　卡尔·波普尔，西方最有影响力的哲学家之一。其研究的范围非常广，涉及社会哲学、科学方法论、科学哲学、逻辑学等。他于1934年完成的《科学发现的逻辑》一书，标志着西方哲学的一个重要学派——批判理性主义的形成。由于他在学术上的成就，1965年被英国皇室授予爵士称号。他还是英国科学院和美国艺术科学院的院士，著名学者索罗斯是他的学生。

转眼间，新的学期又开始了。刘咏洁知道，高三是至关重要的一年，自己的前途如何，与高考成绩有很大的关系。因此在上学的路上，刘咏洁暗暗对自己说："今年一定要全力以赴，要把所有的精力都用在学习上才行。"

进了教室后，刘咏洁看到了这学期的课程表。她有些意外，因为课程表上除了学校规定的科目之外，每周一的下午还多了一节逻辑课。

"真新鲜，难道高考还考这个？学校专门抽出时间让我们学这个干什么？"

正当刘咏洁心里这样想着，上课铃响了，她马上回到了座位上。之后，楼道里传来了清晰的脚步声。

# 什么是逻辑学

"大家好，我的名字叫波普尔。我原本是犹太人，后来加入了英国国籍，所以我之后的身份就一直是英国科学家、哲学家、逻辑学家。今天的逻辑课就由我来给你们讲。"

"我真不明白，高考又不考这个，高三时间又这么紧张，为什么非让我们学这个！"刘咏洁话音刚落，旁边的张梦甜也跟着说："可不是吗，我还是头一次听说高中要学逻辑学。关于这方面，我们可都是一无所知啊！"

站在讲台上的波普尔笑着说："呵呵，我就知道你们会这么说。其实你们的话不无道理，但我今天会站在讲台上给你们讲课，自然有我的道理，同学们要想知道我今天为什么会站在这个讲台上，就必须先弄清楚一个问题——什么是逻辑学。"

班里的同学面面相觑，没人能答得上来。有的同学索性将其他学科的作业

**彭新武老师评注**

1937年，纳粹主义势力抬头，波普尔被迫移民至新西兰。他在新西兰克赖斯特彻奇市的坎特伯雷大学任哲学讲师。1946年迁居英国，在伦敦经济学院讲授逻辑学和科学方法论，1949年任教授。

摊在桌子上，将这堂逻辑课改成了自己的"自习课"。

"那些在底下做其他科作业的同学，我劝你们还是收起来，因为这节课对你们至关重要。尽管逻辑学看似很抽象，很难懂，但真正理解起来并不难。简单来说，逻辑学就是教我们如何清晰地思考。"

"这个我们明白，可我们马上就要高考了，而这门学问对于现阶段的我们来说完全用不上啊！"

"其实逻辑学在生活中的用处很大，只是你自己不知道罢了。清晰地思考不仅能够保护我们，还能让我们洞穿现实，避免陷入危险的境地。你们上过几何课，做过推理题吧？"

"没错，但那是几何题啊！"

"错！你们在做证明题的时候运用的就是推理——逻辑学中的推理。其实你们人人都运用过逻辑学，只不过你们自己不知道而已。那些证明题还告诉了你们一个道理，那就是现实是的确存在的，也正是因为现实存在，我们才必须从现实的角度去考虑问题。"

波普尔说完之后，刘咏洁不解地问道："我当年做了那么多证明题，我怎么没感觉出来？"

"当你在做一道证明题时，你要根据自己学过的定理，并借助一定的方法，一步一步地推理，最终把题目中的结论证明出来。你并不是天马行空地想象，然后根据自己的想象瞎画瞎写而得出结论，对吧？"

"我倒是想那样呢，可我要是真画出一条《达·芬奇密码》中的玫瑰线，老师也得给我分啊！"

"没错，这就是我刚才所说的'现实'了。再举一个简单一点儿的例子。地球上有 75% 的水，这是客观存在的事实，而且早在人类出现之前就已经有这么多水了。就算有一天人类放弃地球，搬到其他星球上居住，地球上还是会有这么多的水！万物都是现实的，它独立于我们的思想或者是喜好之外，是真真实实存在的。逻辑学的研究目的，正是让我们抛开一切个人的思想与喜好，用最现实的方法思考问题，解决问题。"

# 异想天开是行不通的

张梦甜突然插话道："可惜啊，我偏偏是个理想主义者，或者说是幻想主义者。别人总是说我的想法一点儿都不现实，甚至是在'做白日梦'，但我始终改不了。"

"如果真是这样，那我劝你就算改不了也得改。因为在这个现实的世界中，异想天开永远都是行不通的，而且还可能给你带来很多未知的危险。随便举个例子，比如说我想像孙悟空一样踩着筋斗云飞到天上去，或者是希望地球上能下一场可乐雨，这些事情都是根本不会发生的。现实是，如果想飞行，就必须要先登上飞机。如果我想实践自己的幻想，从一栋大楼上一跃而下，那现实的结果就是我被摔得血肉模糊。呵呵，我的灵魂倒是有可能去见上帝。

"还有，如果我想喝可乐，就必须去超市或商店里去买，或者是向邻居、朋友要。恐怕就是到死，我都不会等到下'可乐雨'的那天。"

波普尔说完之后，张梦甜点了点头说道："也是啊。"

"而从另一方面说，"波普尔继续说道，"当你异想天开时，你的确会感觉到快乐、惬意、温暖。不过，如果让你在现实世界里付诸实践，就难免会遇到各种各样的阻碍。这些阻碍轻则为你带来种种不便，重则让你有生命危险。"

"张梦甜，你刚才说你是一个喜欢异想天开的人，你有没有想过这么做会给你带来什么？假如你是一名飞行员，正在空中开着飞机，以你的个性，在飞行的过程中你肯定会移开目光，看看空中美丽的风景。这时，当你回头看油表时，你突然发现飞机已经没油了，你该怎么办？"

坐在座位上的张梦甜一时间说不出话来。

波普尔接着说道："在我们的一生中，我们总会遇见类似于这样的极为严重的问题。我们固然有很多不同的选择，但是这些选择中有些是好的，有些是坏的；有些选择有用，有些选择没用；有些选择会让你逃过一劫，甚至是安然无恙，而有些选择会给你带来灾难，甚至丢掉性命。那么，你如何才能知道自己在关键时刻做出的选择是否正确，又如何才能知道自己的选择是以现实为依据的呢？"

## 我们不能异想天开

异想天开是行不通的，人们在生活当中还是要学会现实。

天上下着可乐雨，自己架着筋斗云在空中喝可乐雨。

要是我能这样就好了。

随着现在生活压力越来越大，很多人的思想都开始逐渐脱离现实。因为在美好的幻想中，什么愿望都可以达成。

看来，我当初还是应该实际一点儿啊！

事实上，波普尔在讲学上一直推崇通俗易懂、深入浅出的讲法。因为他觉得传统、晦涩、古板的演讲形式是一般人很难理解的，也是没有生趣的，只有这样的讲学形式才能让人们更容易理解，同时也能引起更多人的兴趣。

"让我们先来想想其中的一种选择：假设油表是错的。如果这样假设，那你肯定会选择继续飞行。这种思路是假定了飞机还有燃料，油表出了错，所以你无须担心什么。不过，这种行动是对的吗？这样的行为妥当吗？"

"我觉得这有点儿异想天开，"刘咏洁严肃地说，"要是换了我，我肯定会仔细检查一下。因为我认为油表是精密的仪器，这要比假想现实多了。"

"没错！油表很可能是正确的。这么说来，你的飞机很可能就要耗尽燃料了，而一旦燃料耗尽，飞机就会从高空坠落。当然，飞机不会起火，更不会爆炸，因为油料已经用尽了。"

"难道您希望看见我坠机吗？"张梦甜有些气愤地问道。

"当然不是！这些都是你自己选择的，因为你是一个喜欢理想化、异想天开的人！所以说，当你选择了逃避危险时，危险并不会因此而走开，反而会给你带来更大的麻烦。而这正是为什么考虑与感知现实如此重要的原因。

"当然，我觉得你还有一种选择，那就是假设油表是正确的，但你还假定飞机就算没有油料也能够正常飞行，或者是假设你的飞机很特殊，消耗油料的方法和其他的飞机不一样。不过，不管是哪种情况，选择继续飞行只能再一次向自己或他人证明飞机是需要燃料才能飞行的，而这也在同时证明了，不管是什么样的飞机，只要燃料用尽了，就一定会坠落！"

"我怎么可能会不要自己的小命去做这种超级无聊的、每个人都知道的证明题呢？"

"那好，如果你真的身临这样的情境，请告诉我你的选择。"

"当然是赶紧想办法，尽最大可能迫降，先保住自己的命最重要啊！"

"没错，这是你的第四种选择，也是最现实的选择。同学们，这就是原则，现实原则。如果你不知道现实原则，那麻烦肯定会找上门来。也就是说当燃料耗尽时，你会坠机丧命。"

波普尔老师停顿了一下之后，对大家说道："从我刚才所说的这个例子中，你们能得到什么启示？"

刘咏洁若有所思地说道："您的意思我大概明白了，在我们的生活当中会出现很多类似于这样的阻碍，而这些都会影响或是限制我们的能力，让我们在生活中遇到复杂的局势时，无法做出正确的反应。正因为如此，我们才需要仔细地研究和认真地思考。换句话说，我们才需要学逻辑学，对吗？"

"非常好！你们谁知道古希腊历史学家色诺芬？"

这时，坐在后排的张晨回答道："我知道，他是历史名著《远征记》的作者，还是著名的军事家。"

"没错，色诺芬在《远征记》中这样说过，'当时希腊大军患上了饥饿病，瘫痪在路边，而治疗这种病的唯一药物就是食物。只要他们能吃饱，饥饿病就会不治而愈，大军也能顺利前行。如果他们吃不饱，士兵就会衰弱憔悴，最后难免一死。'所以色诺芬的结论是，在没有食物的情况下，饥饿会成为致命的病症。这是现实，更是事实，直到现在都没有改变。

"所以说，逻辑学就是聪明、合理和现实地思考和处理问题。你们在刚上课的时候跟我说，现在的你们正处在高考前的最后一年冲刺中，正处在人生重要

**彭新武老师评注**

色诺芬，古希腊著名的历史学家、作家，苏格拉底的弟子之一。公元前401年，色诺芬参加希腊雇佣军，协助小居鲁士争夺波斯王位，未遂，次年率军而返。前396年投身斯巴达，被母邦判处终身放逐。其著作有《远征记》《希腊史》《斯巴达政体论》《居鲁士的教育》以及《回忆苏格拉底》等。

其中，《远征记》是色诺芬最广受好评、流传最广泛的著作，是根据他率领一支希腊雇佣军历尽艰辛、从波斯回到希腊的悲壮经历写就的。虽然他在书中对自己的作用做了夸张的描写，但此书为后人提供了有关希腊雇佣军与波斯帝国的许多真实细节，而且还记录了雇佣军所经过的地区的地理风貌和人情习俗，有很高的史料价值。

的十字路口，在这个关键时刻根本就没有多余的时间和精力去学逻辑学。不过我认为，正是因为你们现在处于关键时刻，才更应该学习逻辑学，因为逻辑学中的思维能帮助你们找到更快捷、简便、高效的学习方法。只有这样，你们才能提高学习效率，考出更好的成绩。

"更重要的是，你们都是年轻人，所以绝对不能因为不会处理生活中的问题而毁掉自己的人生，更不要因为一些不切实际或者异想天开的想法而与成功的机会失之交臂。不论你们身处什么地方，不论你们遇到什么问题，你们要做的都是了解最真实的情况，采取最合理的做法，在最终直接并理性地处理问题。这才是你们处理那些不合预期、不合理，甚至是不可预料的事情的最好方法。"

## 现实中的答案永远没有简单的

"听了大半节课，我现在终于知道逻辑学对我们有什么用处了。可波普尔老师，我觉得您有点儿悲观了。尽管现实生活有时很残酷无情，但我们面临的并不全都是难题吧，否则老天爷对我们太无情了！"

"呵呵，孩子，尽管我要告诉你的答案你可能会不喜欢，但还是请你相信我，因为我觉得大多数贴近现实的问题都不是像刚才所提出的燃料或食物问题那么简单。当然，包括我在内的所有人都希望这个世界能简单一点儿，这样我们就能用简单的答案来面对生活中所有的问题。可话说回来，如果答案真的都那么简单，那我们在生活中还会遇到那么多的麻烦、障碍吗？恐怕我们早就取得比现在多好多倍的科研成果了。非常遗憾，'现实'这家伙就偏偏要难为我们。每当我们面对重要问题时，在绝大多数情况下都没有简单的解决方式。"

**彭新武老师评注**

波普尔认为，世界上不仅没有简单的答案，随着人类文明的发展，人类需要处理的争议也会越来越复杂，答案也会随之变得越来越复杂。

"老师，您说得也未免太玄了吧！"张梦甜说道，"如果我现在想去买一辆自己喜欢的自行车，难道解决方法不简单吗？"

"怎么，你认为这个问题的答案很简单吗？"

"那还用说吗？只要是自己喜欢的就买呗！"

"那好，我来问你，如果在你面前有一辆你非常喜欢的自行车，却是 20 年前的二手自行车，你会买吗？"

"什么？20 年前，还二手？那我还买什么啊！这么古董的东西我骑上去还不散架了！"

"那我再问你，如果在你面前有一辆全新的装备非常齐全的山地运动自行车，但价格要 6000 块钱以上，你会买吗？"

## 不简单的答案

事实上，世界上没有简单的答案，任何事情都要经过仔细的分析之后才会得出正确的答案。

1.这车上的零件是不是都好？
2.这辆6000元的车是不是贵了？
3.它是新车还是翻新的二手车？
看来我还真要仔细考虑一下，要不然这么贵的自行车我岂不是买亏了？

1.这衣服是不是正品？
2.质量好不好，会不会缩水掉色？
看来我还真要仔细考虑一下，要不然这么贵的衣服岂不是买亏了？

"啊？自行车就是一个代步工具，我家又不是什么富贵人家，我买那么贵的干吗？"

"既然如此，那你在买自行车之前肯定要问自己这辆车值不值得买，对吗？"

"那还用说，谁的钱都不是风刮来的，要是买亏了多不值啊！"

"所以说这个问题的答案并不简单。如果你从表面上看不出一辆车的实际状况，也看不出车上各个零部件的好坏，那么你根本看不出精心翻新的二手车跟新车的任何差距。因此，在缺少信息的情况下，你要想在短时间之内得到一个明确的答案是不可能的。甭说自行车了，就连去买一件简单的衣服也是如此。难道你仅凭双眼就能分辨出衣服质量的好坏，或者知道它在洗的过程中不会缩水、掉色？恐怕谁都做不到。"

"那照您的意思，这个世界上就没有简单的解决方法吗？"

波普尔老师突然哈哈大笑起来："张梦甜同学，你别误会，我笑不是嘲笑你，而是因为世界上绝大多数人都跟你想的一样，他们认为世界上的确存在很难回答或是解决的问题，但大部分问题都是简单的。正是因为人们有了这种错误的观念，才会一再上当受骗。人们掉进陷阱或圈套，不是没做该做的事情，就是抓不到重点所在。有时人们还会做出不必要，甚至是错误的举动。关于这点，我再给你们举个例子，这件事可是人尽皆知的。"

同学们纷纷点头，张梦甜开始渐渐佩服起眼前这个逻辑学家。

"在2001年的'9·11'事件发生之后的数小时里，骗子们开始利用这个'好时机'发国难财。他们利用人们在事件过后做出善举，进行不法的勾当。对于那些坏人来说，此时正是他们欺骗大众的最好时机。"

"哦，我知道了！"刘咏洁接应道，"骗子在这时会不断给受灾民众打电话，说世贸中心的很多数据已经被摧毁，而他们则能提供安全的电话号码和信用卡。他们还会在自己的声音上下功夫，让电话那边的人认为他是个文雅、可信、专业的人。而且他们所说的内容在之前都经过精心编排，所以让人们听起来觉得非常合理，从而让人们上当受骗。"

"一点儿不假，你怎么知道得这么详细？"

"呵呵，我的法治观念比较强，平时喜欢看法制栏目，报道里的骗子基本上用的都是这些手段。"刘咏洁说。

"你说得不错，但如果那些接电话的人当时能够冷静下来，至少安安静静地思考10秒钟，他们肯定就会想到这些问题：为什么总是会有人在这种时候急着要这些资料？难道金融机构或者是一些专业的国家权威机构的电脑里就没有保存副本吗？为什么给你打电话的偏偏是之前你从未见过的陌生人，而不是已经跟你往来数十年的银行职员？"

"说得真对啊！"张梦甜感慨道，"如果在发生大灾大难时，每个人都能仔细分析，那这些骗子还上哪儿去发那么多的国难财？"

"更可悲的是，"波普尔老师严肃地说，"在'9·11'事件之后的第二天，纽约市乃至整个休斯敦便卖出了成千上万个防毒面具。而且，很多人买到的其实根本就不是防毒面具，而是和玩具一样的假防毒面具。"

"唉，听您这么一说，人类还真是可悲啊！"张梦甜的眼中流露出一丝悲哀。

"**很多人总是觉得谨慎而迟疑的人，不是太好接触的人；喜欢做详尽的解释或平稳的陈述的人给人的感觉是软弱和优柔寡断；当有人大胆而直率地提出自己的主张时，他的性格中似乎体现出了活力与力量。因此，人们总是倾向于简单的说法，却忽略了那些精细而复杂的答案。而这也就是为什么现在有那么多人会在关键时刻做出错误选择的原因。**"

**彭新武老师评注**

异常自满且从不怀疑自己的人，容易出错。对于自以为是的人，要保持戒心。无论如何，清晰思考利大于弊。

"难道就没有精英吗？"张梦甜问道。

"呵呵，当然不是。刚才我所讲的都是些不知道该如何思考的人，不过也有一些人，不仅知道如何思考，而且还喜欢将思考的结果告诉他人。"

"这样的人真的存在吗？"

"当然，而且还都是知名人物呢，比如，苏格拉底、伽利略。这些伟大的人不仅深思熟虑，而且还喜欢将自己思考得出的结果告诉其他人。然而，当时能接受他们的思考结果的人却寥寥无几，有些人在得知他们的思考结果之后甚至对他们采取敌视的态度。结果，苏格拉底喝下了毒药；伽利略沦为囚犯。思考是危险的，所以有些思想家渐渐变得守口如瓶，不想招致麻烦。"波普尔回答。

"不过，他们的思考让人类的文明与科技得到了进步啊！"

"没错，这正是我要在今天下课之前告诉你们的！尽管深思熟虑总是会伴有危险，可对于人类来说毕竟是利大于弊。因此，你们要全面、谨慎、细心地思考！要想做到这点，就必须先学好逻辑学。因为只有在逻辑学中，你们才能找到最好的思考方法。这也正是我今天来的最终目的。"

就在这时，下课铃响了。波普尔老师收起教案，微笑着说道："好了，今天的课就上到这儿，同学们再见！"

波普尔走后，张梦甜问刘咏洁道："怎么样，你觉得今天这堂课上得值吗？"

"那还用说！远的不说，学会一点儿逻辑学之后至少能帮我们找到更好的复习方法！"

 波普尔老师推荐的参考书

《科学发现的逻辑》 波普尔著。该书标志着西方科学哲学最重要的学派——批判理性主义的形成。

《猜想与反驳》 波普尔著，其重要论著之一。全书围绕着"知识通过猜想与反驳、不断清除错误而增长"这一主题展开论述，广泛涉猎知识论、科学论、真理论以及自然科学史和社会科学史等领域，包含许多值得探讨的见解。

## 第二堂课

# 休谟老师主讲
# "概念"

> "抠字眼"是很有必要的。

大卫·休谟（David Hume，1711—1776）

　　大卫·休谟，英国哲学家、历史学家、经济学家、美学家。他被视为西方哲学历史中最重要的人物之一。虽然如今人们对于休谟的著作研究聚焦于其哲学思想上，但他最先是以历史学家的身份成名的。他所著的《英国史》一书，成为英国历史学界的基础著作长达六七十年。

课间，刘咏洁垂头丧气地看着自己面前的语文试卷，因为她的作文被老师画了无数个红圈。这让刘咏洁有些生气，因为她不明白老师为什么总是那么爱抠字眼。就在她郁闷的时候，张梦甜走了过来。

"怎么了？一个人看着卷子发什么呆啊？"

"我真没见过这么死板的老师！你看看我的作文，他抠字眼竟然能抠到这种地步！"

"呵呵，谁让你的基础不扎实呢！好了，马上就要上课了，你还是赶紧把卷子收起来吧。"

## 概念是反映对象本质属性的思维形式

刘咏洁并没有听张梦甜的话，而是继续看着自己的卷子。就在这时，她突然听到了一个声音："这位同学，现在是逻辑课。虽然你们手中没有逻辑学的课本，但我还是希望你能对我这个老师有点儿起码的尊重。请把你的卷子收起来。"

刘咏洁抬头一看，原来老师已经走上了讲台。还没等刘咏洁开口道歉，这位老师就抢在她前面说道："**大家好，我叫休谟，英国人。虽说人们对我的公认称谓是'哲学家'，不过你们不用担心，我在逻辑学方面也没少研究。**对了，这位同学，我刚才看你在看自己卷子的时候一脸沮丧，能告诉我是怎么回事吗？"

> **彭新武老师评注**
>
> 虽然休谟是位哲学家，但在他的著作中经常可以看到关于因果问题、归纳问题的讨论，这说明他在逻辑学方面也有深入的研究。

刘咏洁有些脸红，但也有些不高兴，她说道："老师，就像您刚才说的，现在是逻辑课，所以有关语文课的事情咱们就不要再说了吧。"

"呵呵，我知道你是有点儿不好意思，但是我还是希望你能跟我说说。要知道，逻辑学不是一门单纯放在教科书中的学问，而是一门实用性很强的学问。毫不夸张地说，逻辑学在生活中无处不在。所以我的意思是，你跟我说了之后没准我能帮你呢。"

"其实也没什么，您看看我的作文，"说着，刘咏洁便把自己的卷子举起来给老师看，并接着说道，"语文老师在我的作文上画了一堆圈。不过我仔细一看，几乎全都是多一个字少一个字的事儿，我觉得他实在是太抠字眼了。"

休谟听到这话，笑着说道："呵呵，如果我是你，我不但不会怪罪他，反而要感谢他。因为'抠字眼'看起来是在较真，但实际上却很重要。而这也是今天我要给你们讲的。"

"什么？难道您今天想教我们如何抠字眼吗？"

"不错。不过，这只是我今天讲课内容的一部分，不是全部。你们所说的'抠字眼'实际上属于逻辑学中'概念'的范畴，今天我要给你们讲的正是'概念'。'抠字眼'的事情在生活中随处可见。比如说在司法审判中，双方争辩的最大焦点往往就是当事人究竟符合法律条文的哪一条解释。根据判定行为的名称不一样，最后判定的刑责就不一样。

"所以说，并不是所有的'抠字眼'都是毫无意义的，它有时会关系到一个人、一个群体乃至一个国家的利益。我们'抠'的这个'字眼'其实就是概念，所谓的'概念'也就是反映对象本质属性的思维形式。在我们的生活中，清楚、明确的概念对我们来说是相当重要的。

"关于这一点，我还可以给你们举很多例子。以前有一个人到以色列旅游，他很想参观当地著名的'哭墙'。可他不知道'哭墙'到底该怎么说，于是他就对出租车司机说：'我要去的地方是一个能令所有去的人都悲伤的地方。'司机听了之后说：'明白了。'这个人本以为司机心领神会了，但是他没想到10分钟之后，司机把车停在了税务局的门口。"

休谟说完之后，全班同学都哈哈大笑起来。刘咏洁大笑着说道："世界上能让人们悲伤的地方太多了。即便是在以色列，也不仅仅只有'哭墙'这一个地方啊！"

"没错。虽然刚才我讲的是一个笑话，但也反映了一个事实，那就是任何事

# 哭笑不得的旅客

我们在生活中之所以总是"抠字眼"，是因为"概念"的定义是非常具体的，只要稍有偏差，就会出现差错。

著名的哭墙到底在哪儿啊？要是找不到，那我岂不是白来了？

一个人背着行李在以色列旅游，他想去以色列著名的哭墙，但是找不到，于是他打算乘计程车。

我要去那个能令所有去的人都悲伤的地方。

您好，请问您打算去哪儿？

没问题。

以色列税务局

结果这个人下了车之后，发现自己站在当地税务局的门口。他哭笑不得，脑子里想着："我要去的地方是哭墙啊！"

物都有许多种不同的属性。我刚才提到的'本质属性'则是决定一个事物之所以成为该事物，并使它区别于其他事物的属性。我们刚才一直说的'抠字眼'，其实就是明确这个词是什么意思，即这个词所反映的事物的本质属性究竟是什么。所以说，我们要想认识、理解、明确一个概念，就要从认识、理解、明确这个概念所反映的事物的本质属性开始。

"比如，在 2002 年 8 月，阿根廷参众两院通过相关的法律草案，在刑法中第一次引入了'信息犯罪'的罪名。这不但填补了阿根廷法律的空白，还结束了阿根廷'黑客天堂'的历史。'信息犯罪'就是指利用计算机进行间谍活动、破坏网络和计算机系统、运用电子手段进行诈骗、未经许可进入信息系统盗窃和贩卖信息等。这样就明确了信息犯罪性质，并把这种犯罪行为和其他犯罪行为很好地区别开来。

"再比如，《现代汉语词典》中对'死亡'这个词的解释为'失去生命'。《辞

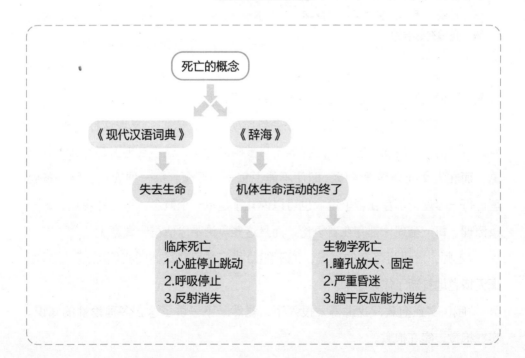

海》中对死亡的解释则是'机体生命活动的终了。分为临床死亡及生物学死亡两个阶段'。

"尽管古人全都认为思维是心脏的功能之一，可随着人们的不断研究，人们逐渐意识到思维的生理机制在于大脑。到了现代社会，人们对于'脑死亡'又有了全新的定义，即'大脑、小脑和脑干等全脑功能不可逆转的永久性丧失，整个机体的重要生理功能停止而陷入不能恢复的一种状态。'"

"哇！这么复杂啊！"

"没错，生活中任何一个新概念产生后，我们都必须对其有所解释，而我们的这种解释就是要通过揭示它的内涵，为人们的认知行为确定一个标准，否则人们的认知就会陷入混乱。比如某市的报纸上刊登了一篇文章，文章中说有市民建议在公交车上设立'民工专区'。谁能告诉我这个新概念的内涵？或者说这个概念合不合适，合不合理？这个概念一经提出，是否经得起解释？"

班里所有人都被问住了，没人知道答案。休谟也明白了大家的意思，于是笑了笑，继续往下讲。

**彭新武老师评注**

休谟认为，"概念"是逻辑学中的基础，同时也是最重要的组成部分。如果弄不清概念，逻辑学中的很多知识观点就将无法定义、考证、论证。因此，在生活中"抠字眼"是很有必要的。

"在比较自然科学研究与人文社会科学研究时，人们会发现这样一种现象：自然科学的一个原理、定理、定律等一旦被确立起来，就不会再引起什么大的争论，而在人文社会科学领域，即使不能说每一个概念、每一种观点、每一条原理、每一套理论都存在着争论，也可以说几乎是每一个概念、每一种观点、每一条原理、每一套理论都存在着争论，而且这些争论难以取得一致意见。"

"老师，您讲得略有些深奥，能不能给我们举一些具体的实例呢？"陈思颖毫无惧色地打断了休谟老师。

"哦，实在抱歉，我讲得太投入了，竟然一下子讲了这么多理论性的知识。实在抱歉，实在抱歉。

"例如，对于'力''作用力''牛顿第一定律''化合''分解''元素周期律''整数''分数''直角三角形定理'等概念，在其相应的学科中是不会有什么争论的，但是对于'价值''剩余价值''劳动价值论''国家''政党''人道主义'等概念，却始终存在着不同观点的争论。

"这一差别的存在有着各种各样的原因，例如社会现象相对于自然现象的复杂性，但同时也还有一个方法论上的原因，即：自然科学中的基本概念，都具有公认的基本含义，而人文社会科学的一些基本概念却缺乏公认的含义。因此，人文社会科学中的许多'理论争论'，归根到底都是'概念争论'。概念的不确定，导致了理论的不确定，也导致了无休止的争论。

"如果我们观察一下任何一门比较成熟的学科——无论它是自然科学还是社会科学，都会发现，它们都是由一系列概念组成的理论体系，都有一系列基本的概念。如果离开了这些基本概念，就没有办法形成科学理论，更没有办法形成科学理论的完整体系。

"不仅如此，任何科学还都要准确地选择、制定和运用概念。因而，要准确地表达科学理论，就必须准确地用词，也就是要'抠字眼'。

"逻辑学有一项基本的功用，就是要教会人们'抠字眼'。如果用标准的逻辑语言来表达，这就是要教会人们'明确概念'，让人们掌握明确概念的逻辑方法，以便把这种基本的方法运用到科学研究、理论思维、日常生活等领域。

"因此，要想掌握明确概念的逻辑方法，就必须要弄清楚什么是概念。讲了那么多，想必大家应该都明白了吧？"

## 概念有很多不同的特性

休谟清了清嗓子，接着说道："刚才我给大家讲的主要内容是'概念'，接下来我再给大家讲讲概念的特性。"

休谟话音刚落，刘咏洁就问道："概念还有特性吗？"

"当然。作为一种反映对象本质属性的思维形式，就概念的内容来说，反映的是客观。因为概念本身就来自于客观现实，所以每个概念都有它的客观依据。同时，概念还是一种认识形式，属于意识范畴，因此从形式上来说，概念也有其主观的一面。"

"那您的意思是说，概念既有主观性，又有客观性，是吗？"

"没错。比如说，在天王星、海王星和冥王星被发现以前，人们认识的太阳系大行星概念包含六大行星。而在这三个行星被发现之后，人们认识和反映的该概念变成了九大行星。然而，作为客观的、实实在在存在的天体，'太阳系的大行星'并不是以人们的概念是否反映了它的范围和本质而存在，因为也许在哪天，我们没准又发现了新的大行星。因此'太阳系的大行星'这个概念会不断地变化。"

"老师，"张梦甜突然插话道，"您好像忘了，在 2006 年的国际天文学联合大会上，经过大家的举手表决，最远的冥王星被'降级'了，因此变成了八大行星。"

"这个我当然知道，而且我还要告诉你们，这种新的确定性就是新的具体性，而它也反映了人类对太阳系的认识比 40 年前关于冥王星的争论开始后又向前迈进了一步。

"好，下面大家再来听听这个故事。某单位的领导为了能让自己单位的员工掌握更多的法律知识，专门请专家来举办法律讲座。当专家讲到'法人不是人'时，这位领导非常生气，因为他觉得自己是在花钱买骂。

"这位领导其实是混淆了三个概念——法人、法人代表、法定代表人。'法人'是相对于'自然人'而言，一般指的是具有民事权利能力和民事行为能力并独立享有民事权利和承担民事义务的社会组织。在中国，它包括企业、事业单位、机关、社会团体等。而所谓的'法人代表'含义就比较宽泛了，只要拥有授权，法人的业务员，甚至于法人的机关都可以被称为'法人的代表'，即'法人代表'。'法定代表人'则是指根据国家法律或是法人组织章程规定，代表法人行使职权的负责人，这样的人就是法人的法定代表人。例如，企业的厂长、经理就是企业的法定代表人。这三个词虽然只相差一两个字，却是三个完全不同的概念，而且这三个概念都有其确定的内涵和外延。因此企业单位和事业单位的领导人不能认为只有自己才是企业的'法人代表'，他因为'法人不是人'这一句话而感到愤怒完全是错误的行为。

"在生活中，人类的认识和客观的事物总是在不断变化的，而随着时代的变迁，人们对事物的认识总是在不断地揭示着事物新的本质属性。因此，概念的内涵和外延总是会随着人类认识和事物发展的变化而变化。比如'死亡'的新概念体现了节约医疗资源、解决器官移植的来源问题，以及拯救更多人的生命。可以说，概念的不断变化体现了人类不断进步的社会意义。然而，'死亡'概念的使用毕竟不是一件小事，而对于它究竟该如何使用，则在不同的时代有着不同的界定。就算是在同一个时代，不同的国家之间也会有不同的界定。即使是'脑死亡'这个概念，不同的国家对于脑死亡的判定标准、观察时间也是不同的。这就是概念的具体性。概念的具体性在一定程度上也体现了概念的灵活性。不过在具体的某个国家中，'死亡'的概念又是确定的，因此概念也有确定性。在确定的国家中，只能按照'死亡'概念的确定性来操作。我们不能在一个国家使用另一个国家的法律解释，否则就是混淆了'死亡'概念的确定性和灵活性之间的关系，而且还有可能导致你犯谋杀罪。"

## 概念的种类划分标准

"以上讲的是概念的特性，接下来我要为大家讲概念的分类。概念是根据其内涵或外延方面的不同特征来分类的。人们在沟通或者是在社会逻辑考试中，涉及的基本上都是单独概念和普遍概念，还有集合概念和非集合概念的关系。因

**彭新武老师评注**

概念的外延，即概念反映的对象的总和。它是从量的方面来考察概念，就是它所反映的对象究竟有哪些。

时间有限，我只为大家解析这两种概念关系。

"我先来说说单独概念和普遍概念之间的关系。'单独概念'指的是反映个别事物的概念，它的外延是独一无二的，通常都是以专有名词或者是摹状词表达，比如地名、人名、物名、事件名等。'普遍概念'反映的则是由两个或者是两个以上的个别事物组成的一类事物的概念，它的外延是这一类事物中的所有个别事物。既可以用普遍名词、形容词、动词来表达，也可以用词组来表达。普遍概念和单独概念的关系就是一般和特殊的关系。

"下面我们再来说说集合概念和非集合概念。根据概念内涵的不同，概念可以分为反映集合体的集合概念，以及不反映集合体的非集合概念。'集合体'指

## 概念的种类

概念本身也分不同的种类，不能简单地一概而论。

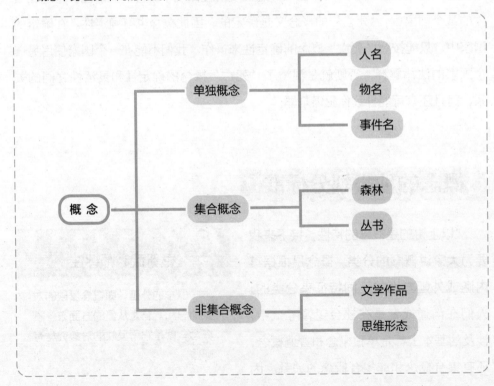

一类事物中的每个分子按照一定的方式组合起来，形成一个具有新的本质属性的整体，比如森林、丛书等。"

"老师，这个我有点儿没听懂，您能说得再简单明了一些吗？"

"简单来说，集合概念表达的是集合体与个体之间的关系，也就是整体和部分的关系。当一类事物中每一个个别事物按照一定的方式组合成一个集合体的时候，每一个个别事物对于这个集合体来说，都是这个集合体的个体之一。因此两者之间就是个体和集合体、整体和部分的关系。比如'树木'是一个很普通的概念，而当一棵棵树组成一个森林集合体时，其中的每一棵树都是森林集合体中的个体。因此，概念的外延只是作为集合体的事物，而不是集合体中的个体。"

刘咏洁若有所思地说："那您的意思是说，一个个体具有的属性，集合体不一定具有；反过来也是一样，一个集合体具有的属性，个体也不一定具有。"

"没错，这就好比我们不能随便指着一棵树说：'看，这就是森林。'"

就在这时，下课铃响了。休谟有些无奈地说："课堂时间有限，我无法为大家更详细地讲解逻辑学的知识，希望今天的讲课内容能对同学们有帮助。下课！"说完，休谟便大步流星地走出了教室，班里响起了雷鸣般的掌声。

 **休谟老师推荐的参考书**

《**人类理解研究**》 休谟著。本书主要内容包括：各派哲学、观念的起源、观念的联络、关于理解作用的一些怀疑、关于这些怀疑的一种怀疑主义的解决法、必然联系的观念、自由和必然、动物的理性、神迹、特殊的大意和来世的状况、怀疑哲学等。

《**人性论**》 休谟著。作者在书中试图把实验推理的方法推广应用于精神哲学，剖析人性中的理智和情感，建立一个新的科学体系。第一卷阐述认识论，第二卷以感觉性观点说明伦理学和美学问题，第三卷论述快乐论、功利论的伦理学原理，以及人性论、契约论的政治学原理。

# 孔德老师主讲"概括"

> 概括是形成概念的一种方法和思维过程。

奥古斯特·孔德（Auguste Comte，1798—1857）

奥古斯特·孔德，法国著名的社会学家和哲学家，实证主义的创始人。他是社会学的开山鼻祖，被尊称为"社会学之父"。他创立的实证主义学说，是西方哲学由近代转入现代的重要标志之一。

实证主义是孔德确立的关于实证科学的哲学体系，被认为与神学、形而上学互不包容。他在实证主义的基础上提出了著名的"三阶段法则"。孔德认为，从某种意义上来说，实证主义即实证科学，实证阶段则是人类智慧发展的最高阶段。他为实证科学按简单到复杂的标准分类，找出了各实证科学之间存在的"渐进的相关性"。

语文课下课后，刘咏洁就愁容满面。这时张梦甜走了过来，笑着对她说："怎么了，从下课铃响之后到现在，你就一直愁容满面的？"

"就是刚刚留的那些作业嘛！让我们回家做阅读分析，写简评，我很不擅长这个啊！"

此时，上课铃响了。刘咏洁还满脑子都是语文作业，没心情听这堂逻辑课了。

## 什么是概括

"大家好，我叫孔德，是法国的哲学家、社会学家，当然也是逻辑学家。今天的逻辑学课就由我来给大家讲。"

正当这时，孔德看见了一直低着头的刘咏洁，便问道："后边的那位同学，你为什么一直低着头啊？上课了，请认真听讲！"

刘咏洁抬起了头，她身边的张梦甜笑着说："她在为语文作业而郁闷呢！"

刘咏洁有些难为情地赶忙说："老师给我们留了短文阅读，让我们去概括段落大意，我不擅长这个。"

"那你今天一定要好好听讲，因为我今天要为大家讲讲逻辑学中的归纳与概括，会对你们有帮助。"

同学们纷纷点头。看来，对这方面感到头疼的不止刘咏洁一人。

"我先用一个问题来展开今天的内容。哪位能告诉我什么是'概括'？"

尽管"概括"这个词在课堂上经常会听到、用到，但当孔德突然提出这样一个问题时，大家一时间答不出来。

"概括是指形成概念的一种方法和思维过程。就是从思想中把某些具有一些相同属性的事物抽取出来，我们把它叫作本质属性，然后推广到一切具有这些属性的事物上，从而形成关于这类事物的普遍概念。"张梦甜说。

"嗯，就是这么个意思，但是在逻辑学中的定义要比这更加简单、直接。当我们通过特定观察建构出通则时，概括便从中而生。"

"真不愧是逻辑学的老师，经他这么一概括果然更简洁了。"

"我今天站在这里要告诉你们的不仅是这样一个定义，我还要为你们讲解合理概括的方法是如何产生的。"

"太好了，我今天晚上需要的正是这个！"刘咏洁高兴地说道。

"我们在对任何事物进行概括之前，都要先仔细观察。在这之后，从观察到的特定事件推测，然后得出能描述过去、现在和将来的所有观察时间和通则。所以说，几乎所有的科学定律和法则都是由这种方式推导出来的。不管是时间、引力还是其他方面的概念或理论，都是在此基础上推导出来的。用专业一点儿的话来说，这就是最可行的知识哲学，也被称为'实证主义'方法。它的首倡者，是之前给你们讲过课的波普尔老师，还有我。

"所谓的'科学理论'就是一种能描述与整理我们已经进行的和正准备进行的观察的模型，而一个好的理论往往能根据一些少数并且很简单的假设来精确描述或推断出大范围的现象，还能做出可接受测试的明确预测。如果预测和观察吻合，理论就通过了测试。不过有一点需要注意的是，任何理论都不能被证明是绝对正确或者是永远正确，因为这些理论的基础都是经验，我们无法保证下一次观察出的结果会和前一次的经验得出的结论相同。如果新的预测与观察不吻合，则证明理论是不正确的，那人们就必须抛弃旧理论并且建构出能更好解释的新理论。"

## 彭新武老师评注

孔德认为，正确的概括必须以科学的方法为前提。

"您能不能举一个具体的例子，这种理论性的东西对于我们这些高中生来说有些不易于理解。"

"我举一个非常有名的例子——苹果砸牛顿。"

"哦，这个我知道，后人都说牛顿是因为一个苹果砸了他的脑袋而总结出了万有引力定律。"

"其实这话说得对，也不对。"

"您这话怎么讲？"

"首先我要承认的是，当时的确是因为苹果砸在了牛顿的脑袋上，才启发了他。不过，你们觉得牛顿能仅仅因为一个苹果砸了他的脑袋这一件事就总结出闻名世界的万有引力定律吗？显然是不能的。事实上，当时牛顿所想的是，既然苹果能自然掉落在地上，那其他的东西是不是也一样呢？然后就像我刚才所说的，他经过不断地观察和预测后发现，所有的结果都和自己之前预测的一样。之后他再对这些结论进行深入研究，最后才终于得出了你们课本上所学的万有引力定律公式。"

## 彭新武老师评注

万有引力定律是牛顿在1687年于《自然哲学的数学原理》上发表的解释物体之间相互作用的引力的定律。

定律内容如下：任意两个质点通过连心线方向上的力相互吸引。该引力的大小与它们的质量乘积成正比，与它们的距离的平方成反比，与两物体的化学本质或物理状态以及中介物质无关。

## 真实的概括知识是以现实为基础的

孔德清了清嗓子，接着讲道："如果你们认真总结就会发现，世界上所有正确的概括全都是以现实作为基础的。因此，所有正确的概括知识，都必须接受真实的观察以及反复的测试和确认。因此，虽然你们现在在课本上学到了不少定律、知识，但请你们记住，没有哪种概括知识是绝对的。而那些用来推导概括知识的方法，从本质上来说也无法让任何概括知识成为绝对的真理。"

"您的意思是说，我们在课本上学到的知识和定律也都不是绝对的真理了，对吗？"

"没错，这些都只是暂定的，因为只要在将来找到一个不符合预测或者规律的事物，这个理论或是定义就会被宣布'死亡'。因为不确定性本身就来源于那些产生概括知识的方法，所以不确定性是永远都无法克服的。"

张梦甜道："就是说，虽然当初总结出这些理论或定律的科学家们觉得自己的理论是完美无瑕的，可后人一旦发现了不一样的结果，他们的理论就有缺陷了。"

## 彭新武老师评注

逻辑学是一门非常理性、非常现实的学科，所以逻辑学中的所有概念都是以现实为基础的。

## 头盖骨惹的祸

仅凭头盖骨的大小来判断一个人是高等还是低等显然是错误的。

一个人挖出了非洲和美洲人的头盖骨，高兴地说道："不简单，这次可是不小的发现啊！"

那个人拿着非洲人和美洲人的头盖骨与欧洲人的头盖骨进行对比，结果发现非洲人和美洲人的头盖骨比欧洲人的头盖骨小。

于是，这个人得出了这样的结论："美洲人和非洲人是低等人。"

一个非洲人和一个欧洲人在黑板上做同一道题。结果非洲人做出来了，而欧洲人没做出来，非洲人对欧洲人说："哈哈，现在你知道谁更聪明了吧！"

"没错，自然科学学者的工作是什么？就是永远不停地修正前人的错误观念与误判，也正是因为如此，科学才会不断进步，文明才能得以发展。"

刘咏洁说："这样看来，世界上最伟大的学问还是科学啊！要是没有科学怎么会有我们今天的幸福生活？科学真是功绩非凡啊！"

"你这话固然没错，但我劝你也不要太乐观，因为科学也有被滥用的时候。19世纪，人类头盖骨的尺寸曾被当成是证明美洲原住民与非洲人低等的证据，而在过去的一个世纪中，雅利安种族优越论则是以歪曲的人类学为根据。"

"这些后来不是都被证实是错误了吗？"

"没错，但我要告诉大家的是，歪曲科学、伪科学，这些'科学'都不是建立在现实的基础上的。"

## 相对于概括知识，特定知识绝对为真

"接下来我再给大家讲一个概念——特定知识。"

"特定知识跟概括知识肯定是不一样的吧？"

"那是肯定的，两者之间最大的区别就是相对于概括知识，特定知识绝对为真。"

"绝对为真？"

"没错，也就是说是绝对的真理。概括知识通常都只是暂时的，而特定知识却是不受任何限制的绝对真理。比如说地球是圆的，海水是咸的。以上所说的这些都是绝对真实的，因为它们都是实际存在的，也就是说，它们都是实际发生的非语言事实。而在逻辑学中，这些陈述就是特定的命题——为真的命题。无论从哪个角度讲，它们的真实存在性都是无可争议的，过去它们是真的，现在它们也是真的，将来它们还是真的，它们是永远不会改变的。

"然而以上这些特定真理，并不是人类需要的唯一真理，人类文明要想前进，要想发展，就还需要其他的真理。"

"您的意思是说，真理还分类吗？"

"没错，除了特定真理外，我们还需要其他真理、概括真理、相关真理、新奇真理，甚至是有趣真理。尽管它们或多或少都存在争议，但也的确是我们需要的。"

"您说的存在争议性是怎么回事？"

"因为当我们从各种各样的待定命题推导出概括陈述时，必须先假设那些我们实际上并没有检验过的证据的确存在。这在逻辑学中被称为是从特定数据中推测出通则。"

## 人类文明的进步就是科学原则不断被修正的过程

孔德停顿了一下之后接着说道："其实，从特定到概括是有一个过程的，而这个过程就是我们通常所说的归纳，相关的逻辑形式即为归纳逻辑。也就是说，归纳逻辑是从我们已经观察到的特定事件中推测出能够涵盖所有相关观察的通则的过程。"

"我还是以牛顿为例，牛顿能总结出万有引力定律肯定是少不了概括的。不过更准确地说，他是运用了归纳逻辑才得出了万有引力定律。其实，牛顿不仅仅看到了熟透的苹果从树上掉下来并砸了他天才的脑袋，他还发现很多物体在半空中都是待不住的，于是他就花了大量的时间去研究各种物体掉落的速度，并得出结论——物体是不可能往上掉落的。

"牛顿告诉我们，这些物体之所以会掉落，是因为有一种力量存在，而这种力量被他称为'万有引力'。除此之外，牛顿还通过大量的测量和实验发现，所有的物体都有一样的重力加速度。也就是说，不管是什么物体，重力加速度都是相同的。

"牛顿还得出了这样的结论：水之所以会往低处流，地球、星辰、太阳之间之所以会相互吸引，宇宙中的各个星球之所以会始终保持在自己的运行轨道上，

## 牛顿与爱因斯坦的辩论

人类文明发展的过程就是不断辩明真理的过程。只有这样，人类才能不断接近真理，不断进步。

牛顿坐在桌子前面高声说："我终于总结出万有引力定律了！它在任何地方都适用！"

爱因斯坦坐在他对面大声反对道："不对！"

牛顿反问道："哪里不对了？你能给我举出例外来吗？"

爱因斯坦说："万有引力其实根本就不是'力'，它和几何的时空变化有关系！"

牛顿无语了。

是因为存在万有引力的作用。在《自然哲学的数学原理》这本书中，牛顿这样写道：'一切对地心引力所做的观察，都能以单一的万有引力定律加以解释。'值得我们注意的是，牛顿是以推测的方法得出的结论，也就是说，他是从实际测量与进行的特定观察，推测到那些他根本无法接触到的事物和事件。"

刘咏洁说道："当时人类的科技可不像今天这么发达，那时根本就没有航天飞机，所以他就算有再大的本事也不可能飞上太空去进行实地测量。"

"不错，正因为那时的他无法测量过去、现在和未来的所有天体的引力，因此他必须要在特定观察中进行概括，并认定宇宙中的所有天体都和地球上的物体一样，都遵循着他总结出的万有引力定律。然而，当时牛顿无法借由这种概括来预测未来所有的天体测量，因为牛顿无法对它们进行实地测量，所以结果也就无从知晓。因此，只要有一个人能找到例外，那么他的万有引力定律就会被否定，而且必须要做出修改。"

"也就是说，只要能找到一个例外，就能证明概括有误。"张梦甜笑着说道。

"没错，这正是我要告诉你们的。"

"不过我相信，牛顿一定不希望有人找到例外，否则他花了那么多年时间才总结出来的公式岂不是要被丢进垃圾箱？"

"尽管牛顿不愿意，但我还是要遗憾地告诉你，在牛顿死后，的确有个人找到了例外，这个人就是爱因斯坦。这个伟大的科学家证明了万有引力定律是错的。按照爱因斯坦的说法，万有引力其实根本就不是力，而是和几何的时空变化有关系。当遭遇到物质或能量时，时空就会弯曲甚至是扭曲，如同你躺在床上时床垫会往下陷一样。1919 年，爱因斯坦预测光子将如同受到太阳的引力吸引一样朝着太阳的方向偏转。由于他的预测被证明为事实，所以牛顿的万有引力定律就必须要做出修正，而这个修正就是后来闻名世界的'广义相对论'。"

"啊？牛顿的万有引力定律不是绝对的真理啊！"张梦甜有些哀叹地说道。

"怎么，你替牛顿感到难过吗？"

"有点儿吧。"

"哈哈，如果你真是这样想的，那你可就真有点儿傻了！**虽然牛顿研究了一**

**彭新武老师评注**

孔德认为，人类社会的进步归根结底是科学的进步，否则人类社会就不会出现君主专制、资本主义或共产主义。事实上，这些制度都是通过现实的、科学的分析而得来的。

辈子科学，但他可从来没有说过自己是'真理之王'。事实上，没有哪个科学家敢说自己一定站在绝对真理这座伟大的山峰上，但所有的科学家都在朝着这座山峰不断前进。如果牛顿地下有知，一定会因此而感到高兴的！因为这是展现理性光辉的时刻！广义相对论成功预测了实验结果，而且它比牛顿的理论更能反映出实在的本质。"

"是啊，如果不是这样，科学怎么发展，人类怎么进步呢？人类文明的发展实际上就是一个不断修正的过程！"张梦甜略有感叹地说道。

"没错，这就是我今天要告诉你们的最核心的内容！"

正在这时，下课铃响了。孔德老师微笑着对同学们说："由于时间的关系，今天的课就只能上到这里了。逻辑学是一门很深的学问，但一堂课只有有限的45分钟，所以我只能给你们讲一些简单入门的东西。如果你们对逻辑学有兴趣，建议去书店转转。下课，同学们再见！"

## 孔德老师推荐的参考书

《**实证哲学教程**》 孔德著。本书第一次从哲学高度系统地论述了作为一种方法论的实证主义认识论基础，确立了实证主义在科学史上的地位，并将这个方法应用于人类社会的历史研究。《实证哲学教程》的出版，标志着社会学作为一门独立的学科而产生。孔德在书中对社会学的对象和方法以及在人类知识体系中的地位和作用等一系列构想，不断被后人补充和修正，对社会学的发展起到了重要作用。

《**论实证精神**》 孔德著。作者从人类思辨发展的"三阶段"，即神学阶段、形而上学阶段和实证阶段出发，论证了人类思辨在宗教上、哲学上和社会组织形式上的相应表现，进而把人类社会历史完全归结为人类理智发展史。他认为社会同自然在本质上完全一样，所以自然科学的研究方法可完全用于社会学研究。

# 古尔德老师主讲 "过度概括"

概括可以，但不要过度概括。

斯蒂芬·杰·古尔德（Stephen Jay Gould, 1941—2002）

　　斯蒂芬·杰·古尔德，美国人，世界著名的古生物学家、进化论科学家、科学史学家、科学散文作家。古尔德早期主要研究的是蜗牛的自然史，他对百慕大地区蜗牛的自然演变及分布的研究做出了突出的贡献。此外，他在重演论的历史和科学种族主义等方面的研究也是很出色的。他主持并策划的科普片《进化》，获得了很高的收视率。自1974年起，古尔德在《自然史》杂志上开辟了专栏——"这种生命观"。

课间，刘咏洁又趴在桌子上睡着了。张梦甜推了推她，问道："看你这节课间都睡觉，没事吧？"

刘咏洁睡眼惺忪地答道："哎呀，我昨天晚上看电视看得太晚了！"

"你看的什么啊？"

"《黎明之前》。"

"那不是很早之前就播过了吗？"

"当时没看懂嘛，昨天晚上又一口气看了好几集，可是我还是没分清谁是好人，谁是坏人，感觉他们都是一个样。"

正在这时，上课铃响了，听见了铃声的张梦甜有些无奈地说："上课了，好好听课吧，别睡了！"说完，她便快步回到了座位上。可刘咏洁却没有理会，继续趴在桌子上。

## 思考问题时不要非黑即白

"后面的那位同学，上课了，请不要睡了。"

刘咏洁只好硬撑着将头抬起来。

"好了，现在所有人都注意听了。我先自我介绍一下，我的名字叫古尔德，是美国古生物学家，也是哈佛大学的教授。"

"什么？"张梦甜有点儿不敢相信地说："我没听错吧？古生物学家来给我们上逻辑课？有没有搞错！"

"没有搞错！张梦甜同学，我知道你心里是怎么想的。我知道同学们肯定都和你有同样的疑问，一个古生物学家能懂逻辑学？**事实上，我在古生物学中的所有研究都是以理性和科学作为根据的，而数学又是科学之母，同时也是逻辑学**

**彭新武老师评注**

尽管古尔德主修古生物学，但其实他涉猎非常广泛，尤其是对于文学、艺术和哲学，更是热爱。

中的一部分，所以你们说我能不懂逻辑学吗？"

"好吧，"古尔德话音刚落，张梦甜就马上跟着说道，"老师，就您说的这段话，我佩服您的逻辑思维能力。可在我看来不管怎么说，您的这种解释都有点儿牵强啊！"

"那好，我换一种说法。其实逻辑学存在于我们生活的方方面面，之前的老师不是给你们讲过吗，逻辑学简单来说就是一门教我们如何现实、正确、缜密地思考和解决问题的学科。世界上那些著名的科学家，如果他们的逻辑思维能力不好，怎么能在科学领域上取得那么大的成就？其实，很多人都接触或研究过逻辑学，甚至还提出过自己的观点，但他们并没有专门著书来和大家分享自己在逻辑学方面的心得与体会。所以，我希望你们不要大惊小怪。"

古尔德的一番话彻底打消了同学们心中的顾虑，于是他们都竖起了耳朵认真听课。

"相信大家一定都知道一些谚语，但是这些谚语是不是对的，往往就要根据实际情况来判断。有哪位同学能说一句谚语？"

"欲速则不达。"

"很好，这是中国一句很著名的谚语。在一些情况下，这句话的确是一个不错的建议，可是如果你在奥运会的百米决赛场上将这句话告诉博尔特，会是什么效果？"

同学们大笑。

"当然，也有一些谚语不论放在什么情况下都是正确的，比如说'还没开始的小说永远不会有结束'。这句话就是不管放到哪里都是真理的谚语。因为不仅是小说，这世界上的任何事物都必须先有开始才能有结束。或者是像欧几里得的公理说的那样，'与相同事物完全相等的各个事物，彼此间也完全相等'。"

"嗯，我也觉得这种说法应该没什么问题。"

"在数学、几何或者是西方独有的小说写作这几个领域中，有些事物是绝对为真的。正因为如此，现在欧洲的很多教育者都在不断强调这些科目的重要性。这些要是放在生活中，那还好点儿，可是放在教育上就变成了只能拥有一个答案的过度概括。"

"不过，我觉得这样就很好啊！有了这样一个答案，就省得费脑子去想别的了！"

"在学习或研究中，要是抱着这种态度可是不行的！"

古尔德说完之后，同学们面面相觑。

"这种态度不好，因为它能让你们产生一种错觉，从而让你们以为跟这类似的状况也会出现在你们未来的人生中。"

这时，古尔德缓缓地抬起头，向同学们讲起自己的学生时代。

"说实话，我现在都记不清我像你们这么大时，好奇心给自己带来了多少麻烦。那时我的老师对我说得最多的一句话就是'我现在根本没时间回答你提出的问题，因为我必须要按照进度把课上完'。那时，我是学校里出了名的好奇学生，而且那时的我逐渐发现，世界上存在的答案要远比问题多得多，但我们当时的教育制度并不鼓励学生提问，更不喜欢模棱两可的答案。真正能受到赞扬和嘉许的，永远都只是老师口中的那个'正确答案'。我想告诉你们的是，那个所谓的'正确答案'其实只是老师眼里的正确答案。更令人惋惜的是，几乎所有老师都认为世界上所有的问题都有一个相应的而且唯一的正确答案。

"现在想想，那时的我要想顺利地读完中学、大学甚至是研究生，就必须压抑自己心中的疑问，取悦学校的权威，还要遵守学校制定好的规则。老师们总是会跟我说：'不要质疑，跟着学校的条例走准没错！'这其实是非常可悲的，因为这样的态度只会为社会训练一批又一批的官僚主义者和生产线工人。然而，这些是否能让你做好准备以面对生活中那些残酷的现实呢？它又是否会让我们的社会做好准备去面对充满未知的未来呢？

"最需要质疑的是，在我们面对这些问题时，只能在两个解答中选择一个，

**彭新武老师评注**

古尔德在上学的时候就喜欢和老师"对着干"，因为那时候他就开始怀疑老师的说法，他还认为并不是世上所有的问题都只有一个正确答案。

# 失落的古尔德

很多问题的答案都不是只有一个，只是因为人们都不愿去分析罢了。

学生古尔德拿着文学卷子跑到老师的办公室对老师说："老师，关于这个问题我还有另一种想法。"

⬇

老师摇摇头对古尔德说："哦，你不用再费脑筋了，记住这道题只有一个正确答案。"

10分钟之后

古尔德拿着地理卷子去问老师："老师，对于这个问题我还有另一个想法。"

⬇

老师依然摇头说："记住，老师的答案就是唯一的正确答案。"

⬇

古尔德垂头丧气地走出了办公室。

或者是认定原因只有一个。我曾经写过一本书，名为《人的不可测量》。我在书中详细分析了这个问题，并称这种错误为'二分法'，用来表示人类在生活中更倾向于用这种方法来说明生活中复杂而连续的现实。不过，为了更易于同学们理解，我在这节课上就把这种错误称为'非黑即白的思考'。

"现在我要告诉大家，如果谁对你说一个复杂的问题只有一种或两种做法或是解决方式，那么他肯定是在胡说！因为这种非黑即白的二元对立的思考方法是完全错误的！它不但会让我们忽略周围复杂的环境，甚至会削弱我们在生活中解决问题的能力，就好比你们在刚开始怀疑我这个古生物学家能否给你们讲好逻辑课一样。不过，这也不能怪你们，因为一般人的思维都是这样的——学逻辑学的人肯定能讲逻辑学，但也只能讲好逻辑学。像我这样研究古生物学的当然是古生物学这方面的专家，但我肯定不能成为一名合格的逻辑学讲师。总之，它就像是一枚硬币，只有正反两面，没有第三种选择或是解释，而这就是我刚才强调的错误的非黑即白的思考。没错，你们今天在刚上课时就犯了这个错误。"

## 概括可以，但不要过度概括

"接下来，我再和大家讨论讨论'过度概括'这几个字。要讨论过度概括，就必须要先说说'证据'这个词。证据是什么？你们可千万不要小看了这五个字和后边的一个问号。因为如果你想成为一个理性的人，那么当你听到他人不假思索地给出问题的答案时，你必须要在心里问自己，证据是什么？证明这个事物为真的证据在哪儿？如何确定证据？诸如此类的问题往往能暴露问题的复杂性和解答时的简化性。不过，如果你肯下功夫弄清这几个问题，就一定能避免无谓的行动。因此，当我们面对每一个复杂的问题时，不能盲目地给出答案，而是要深入地思考。"

"您还是给我们举一个具体的例子吧，对于我们这些初学者来说只有理论会显得有些枯燥。"

"呵呵，其实在生活中这样的例子挺多的。别的不说，在我家就有一个这样的例子。"古尔德一边微笑着一边回忆道，"我有一个孙女。可能是我太喜欢她了，很宠她。可这又怎么样呢？到目前为止，世界上还没有证据显示被宠爱的孩子比那些被人忽视的孩子的犯罪率高吧？我还认为，被宠爱的孩子通常会认为自己得到的关爱和幸福要比一般的孩子多，因此他们的人生观和价值观更有可能积极向上，长大之后更有可能拥有幸福的生活。"

"事实上，同这些被宠爱的孩子相比，那些被人忽视的孩子在长大之后往往更容易惹麻烦。关于这点我今天不想再举出实际的例子了。因为逻辑学的作用并不体现在这些事实上，而是体现在隐藏在这些事实背后的推理过程中。在这个世界上有一些这样的孩子，当你向他们表达善意时，他们没有任何反应，但当你给他们恐吓时，他们的反应却非常强烈。我想问你们，如果你身边有一个胆小如鼠的人，你要怎样做才能克服他的恐惧心理呢？"

张清远说道："那还不简单，他越是胆小，我就越吓唬他，直到把他的胆子'练'出来为止！不瞒您说，我的胆子就是这么'练'出来的。"

"你说得有些道理，可是在这个世界上最常见的却是一视同仁的惩罚。尤其是在学校里，这样的惩罚几乎天天都能见到，却忽略了有些孩子对体罚无动于衷。其实对于这些孩子来说，这种惩罚方式反而会导致他们做出相同的行为。"

"我不太明白。"张清远挠着头说。

"我是说，就目前而言，在这个世界上还没有哪种惩罚形式能适用于所有身处不同环境中的小捣蛋鬼们。尽管现在少年犯罪人数已经不少了，可这些孩子的犯罪心理往往是各不相同的。这就好比中国'棍棒出孝子'的名言只能运用在某些孩子身上。因此，当我们在面对复杂的问题时，轻易给出简单的而且没有充足证据或是经不起推敲的答案时，就是过度概括了。"

张清远有所感悟地说："是不是也可以这么说，虽然丘吉尔、斯大林、罗斯福这三巨头最后赢得了战争，可他们身上未必没有缺点！"

"没错！"古尔德接过话继续说道，"在生活中，总是有些人喜欢把复杂的问题简单化，还想进一步得出简单的论证、答案，甚至还想办法加以美化来赢得辩论。很显然，这种做法是错的！因为认知真理的过程本身就是一个很复杂的过程，而在复杂的问题或事物面前，只有承认自己解决的方式还不够完美，才能更加接近现实，人类才会变得更加强大。"

**彭新武老师评注**

古尔德认为，概括是一把双刃剑，正当使用概括，将会结出丰硕的思想果实，而滥用则将导致灾难。

"其实不仅是理论或事物，人类本身也是一种很复杂的动物，因此根本无法按照简单甚至是呆板的方式来分类。我们也不能简单地把人类分为完全不会犯错和完全不会干好事这两种。此外，世界上并不存在完全始终如一的事物，复杂的事实永远无法用简单的判断来分类，何况是更加复杂的人类了。

"当这种想法或办法出现时，我们也不应该轻视，还要对这些意见或想法有所保留。像婚姻、爱情、孩子这些很私人的事情，任何人都有权利保留自己的看法。如果你对这些事情保留了自己的看法，那么对于总统大选、国家战争这样的事情就更应该保留自己的看法。不过我希望你们永远记住，复杂的问题永远都不会有简单的答案或解决方法，因此在生活中不要盲目从众。因为在从众之后，你面临的往往可能是万丈深渊。

"总之，不管是非黑即白的分类还是把一切简单化的思考方式，都是错误的过度概括的体现。因此你们在今后的生活中，不论遇到什么问题，都不要想着用简单的反法去思考或解决，因为这样就会过度概括。尽管仔细、缜密地思考不一定能让你们快速找到答案，但肯定会帮助你们看清问题的本质。"

正在这时，下课铃响了。古尔德满意地看了看同学们之后说："好了，今天的课就上到这里，希望将来还有机会和你们见面。再见！"

古尔德走后，坐在座位上的刘咏洁自言自语地说，"原来，我在看《黎明之前》时犯了'非黑即白'的错误，看来我以后再也不能这么简单地分析问题了！"

　　**《自然史沉思录》** 古尔德著。这本散文杰作收集了古尔德在《自然史》杂志上发表的科学随想。作者在哈佛大学教生物学，是古生物学家，又有历史学家的眼光。他提出了一个问题：达尔文在确立了进化论之后，为什么推迟了 20 年才发表？古尔德说，这是因为他清楚进化论的含义比一般人所意识到的更为离经叛道。

　　**《追问千禧年——世纪末的理性探索》** 古尔德著。古尔德利用他的智慧和博学，将千禧年的故事以及由千禧年所引发的其他故事，讲得情趣盎然、丰富多彩。从他那灵巧的笔端下，我们看到了一幅充满哀伤却丰富绚丽的千禧年历史画卷，看到了历法制定和演变的有趣历程。千禧年是西方基督教国家中重要的末世论思想，古尔德对于这种末世论并非单纯地谴责，更没有简单地声讨，而是用他一贯严谨、客观的风格，坚持理性主义精神，剖析了千禧年观念的由来及其造成悲剧的原因，进而对文明、文化和社会中一些人们习以为常的观念和现象进行了无情的揭示。

# 杰文斯老师主讲
# "隐含意义"

不要只听到陈述中的公开意义！

威廉姆·斯坦利·杰文斯（William Stanley Jevons，1835—1882）

　　威廉姆·斯坦利·杰文斯，英国著名的逻辑学家和经济学家。他在著作《政治经济学理论》中提出了价值的边际效用理论。杰文斯同奥地利的门格尔、法国的里昂·瓦尔拉斯共同开创了经济学思想的新时代。杰文斯的长处在于开创性思考，而不是批判。

课间，刘咏洁来到张梦甜面前，兴高采烈地对她说："你知道今天是什么日子吗？"

"周末啊！"

"不仅是周末，今天还是我的生日。晚上去我家好好庆祝一番吧！"

"就咱俩吗？"

"那多没劲啊！除了你之外，我还邀请了几个发小。她们都是我的死党！"

"那我还是不去了，我跟她们又不熟。"

"哎呀，一回生，二回熟，三回就是好朋友嘛！"

就在这时，上课铃响了，刘咏洁马上回到了自己的座位上。

## 每个陈述都有两个意义——公开意义和隐含意义

"大家好，我叫杰文斯，是英国的逻辑学家和经济学家，今天的逻辑学课由我来给你们讲。"

**彭新武老师评注**

杰文斯在政治经济学和逻辑学方面的成就都很卓越。

"老师，"刘咏洁突然打断了杰文斯的话，大声问道，"您今天晚上有事吗？"

刘咏洁如此唐突的提问让杰文斯有些尴尬。

刘咏洁突然意识到自己提的问题有些不合时宜，于是赶忙说道："哎哟，不好意思，今天是我的生日，我太激动了。我很希望您能参加我的生日聚会。"

"可惜啊，我不认识你的那些朋友，所以我还是不去了吧！"

"怎么您也跟张梦甜说得一样——不认识？好办啊，大家互相介绍介绍不就认识了吗？"

"呵呵，没想到你是个挺单纯的小姑娘，难道你没领会到这句话的话外音吗？"

"您的意思是话里有话？哎呀，我最不擅长的就是猜这种东西了！"

"那你今天可要好好听课了，因为我要给你们讲的是——隐含意义。"接着，杰文斯开始表情严肃地讲课，"'隐含意义'是一个非常重要的主题，因为它在我们的生活中随处可见。本堂课将深深地影响你们将来的事业与人生。"

"生活中的每一个陈述都有两个意义，一个是谁都能明白的公开意义，另一个则是只有脑子比较灵光的人才能明白的隐含意义。公开意义之所以谁都能明白，主要是因为它只要从陈述的字面上加以诠释就能理解了。以我刚才对刘咏洁的答复为例，如果只从字面意义上理解，就会认为我是因为跟你的朋友不认识才不想去的。然而，这实际上这只是我的一个托词，真正的原因是我不擅长和陌生人打交道，我害羞。

"再给你们举个例子。电影《王牌大战贱谍2：时空间谍007》中有这样一句台词：'有两件事是我不能忍受的——对其他文化的偏见以及荷兰人。'它的公开意思大家都能明白，但是现在我想问，有谁理解这句话中的隐含意义？"

"我觉得说这句话的人好像是对荷兰人有偏见啊！"张梦甜道。

**彭新武老师评注**

逻辑学中"隐含意义"的概念可以用中国的一句谚语来诠释："听话听音儿，锣鼓听声儿。"

"的确。说这句话的人声称自己对文化史没有偏见，但他却讨厌荷兰文化。由此我们可以得出结论：这个人表里不一，是一个彻彻底底的伪君子！"

"哇！通过简单的一句话，就能分析出一个人！"

"没错，这就是为什么我刚才说这堂课会对你们将来的人生产生很大影响的原因。刘咏洁同学，现在你知道它的实用价值有多大了吧？"

"看来我真要仔细听了！"

杰文斯继续说道："为什么每个陈述中都存在着隐含意义？其实人们至今也不是很清楚，但我认为这是人类的潜意识企图用最基本的方式来向他人显露真理。我还相信，隐含意义的存在体现了人类的'善'性。在潜意识中提出合乎自然法的主张，就好比你们在物理课上学到的热力学第二定律一样，这些主张都是永远朝向真理一方的。我想，这就是为什么隐含意义会对那些想知道真理的人有帮助的原因。"

## 隐含意义能通过精神分析挖掘出来

"我再给你们讲个事情。西方著名的精神病医生弗洛伊德当初为了治疗已经到了歇斯底里程度的维也纳贵妇的精神官能症，而发现了潜意识。这些贵妇潜意识中的想法经常会以另外一种形式出现在她们的梦中，或者是在不经意间被她们说出来。"

"这个我知道！"刘咏洁突然插话道，"我听说精神分析很有趣呢！"

"呵呵，的确是这样，不过这个跟我们今天要讲的内容并没有太大关系，因为我们不会像弗洛伊德那样使用那些乏味的心理疗法来让人们说出自己话中藏着的隐含意义。"

"那我们用什么方法？"

"只有两个字——思考。假设有个年轻的女性站在你面前对你说'我很冷静，我很冷静，我很冷静'。如果这名女性在说这句话时声音冷静自然，那我们或许可以相信她。可如果她反复说相同的话，而且语气不断增强，最后甚至到了咆哮的地步，那她的目的则只是为了试图说服我们和她一起相信一件实际上并不存在的事情。因为通过分析，我们能发现她说话的内容和她说话的方式是完全相反的。关于这点，相信大家在生活当中都深有感触，不断强调自己很冷静的人显然要比只说一次的人不冷静。也就是说当一个人在不恰当地强调某件事或者是某个状态时，显然是在试着说服别人相信自己说的话。然而他越是这样，就越说明他在这当中存有疑虑，甚至是对自己产生怀疑。因此，'我很冷静'听起来要比'我完全冷静'更可信一点儿。"

"那'己所不欲，勿施于人'这句话又是怎样的呢？"坐在后边的张清远突然问道。显然，他是在故意给杰文斯出难题，因为他认为一个西方人是不可能对中国的古谚语有太多了解的。

"你明知道我是西方人，却故意问我一句中国的文言文，你是不是想考我？"

尽管张清远没回答，但很显然，他就是这个意思。

"呵呵，其实这句话难不倒我。我知道，这是你们中国儒家的名言。它与人类最重要的行为诫命有着非常紧密的联系。就比如西方也有一句话：'爱邻舍如同自己'。这句话中的公开信息是什么？隐含信息又是什么？"

同学们都摇了摇头。

"呵呵，其实每句话的公开信息都很简单，这句话也不例外，意思就是要像爱自己那样爱别人，而隐含的信息则是说，每个人在爱别人时都要以对自己的爱来作为标准。自利是自然和基本的，而利他则是衍生的。其意思就是说，如果没有诫命，人们就总是喜欢宽以待己，严以待人。对自己的爱是最基本、最不可避免的伦理生活基准，而对别人的爱则要通过诫命才会产生。

"接下来，请大家再听听我的这句陈述：当我走进办公室时，所有人都会坐直了身子，把脚从桌子上放下来，并停止看报纸。然而在我的所有员工中，你是工作效率最高的，所以就算你没这么做，我也不会放在心上。

"现在，请同学们仔细思考一下，这句话中的公开信息是什么，隐含信息又是什么？"

杰文斯话音刚落，张清远马上回答说："这太简单了，公开的意思就是说因为这个员工的工作效率高，所以他根本就不在乎这个员工的行为。"

"错了！"高个子女生陈思颖说道，"我觉得恰恰相反！如果你是老板，你会希望你的员工在平时没有员工的样子吗？我觉得这个老板非常在意员工的行为，他这种提醒方式是为了给员工留面子罢了！"

"陈思颖同学回答得没错，如果老板真的一点儿都不在意，那他为什么还要提出来？因此在这种情况下，隐含信息就与公开信息相互矛盾，而且隐含信息还以分割定义的方式将老板不喜欢的员工行为一一列出。"

杰文斯说完，看了看同学，他希望有人能明白他的意思，并顺着他的话继续往下说，但同学们没有一个敢举手。很显然，他们现在还说不出来。

"呵呵，毕竟你们是初学者，让你们回答这样的题目确实是有些为难你们了。好吧，大家就仔细听我说吧。事实上，老板最希望的是当自己走进办公室时能够看到自己的员工个个都坐直了身子，而且他也不希望他们都把脚放在桌子上。最重要的是，他不希望员工在上班时间看报纸。所以，还是我刚才说的那句话，如果老板对这些真的无所谓，那他为什么还要一件一件地都提出来呢？此外，老板还给大家一个隐含信息，不知道大家听出来没有，那就是如果员工们因为这些不好的行为而降低了工作效率，那他们的麻烦就大了！他们的行为已经得罪了老板，而唯一能让他们将功折罪的，就是提高自己的工作效率了。好，现在我问大家一个简单的问题，如果身为员工的你听出了老板话里的隐含意义，那你能得到什么好处呢？"

"好处太多了！"陈思颖抢着答道，"这一眼就能看明白呀！只要我明白了老板的意思，并且按照他的要求去做事，那我在老板心中的地位就有可能提高，甚至还有加薪的可能。而且今后当我再对老板提出请求时，老板也肯定会慎重考虑。当我们的业绩合乎甚至是超过了老板的期望值时，我们加薪或晋升的空间也就会更大。这无论是对老板还是对我们自己来说，都是好事！"

"陈思颖同学说得很好，但在现实的职场中，并不是所有老板在说话时都那么言简意赅，因此，要想在最短时间内领会老板的意思，就必须要学会提炼陈述中的隐含意义。还拿这句话来说，我问大家，老板为什么不喜欢员工在上班时把脚放在桌子上看报纸？"

"这还用说，如果都那样，那还像什么样子！"

"那好，陈思颖同学，我现在换个方式来问你。如果你是老板，你看见自己手下的员工每天上班时都是这个姿势，而且在你来了之后他们看都不看你一眼，还继续跷着脚看报纸，你心里会怎么想？"

"我肯定会火冒三丈的！好歹我也是老板，这么做岂不是不把我放在眼里？"

"没错！这正是我从这句话中提炼出的第一个信息——员工要懂得尊重老板！好，我再问你，当你看见自己手下的员工天天来到办公室之后就只知道看报

## 通过精神分析挖出隐含意义

在生活中，尤其是在公共场合，很多人对你说话都不会那么直接，而这就要看你能不能挖出隐含意义了。如果能，那万事大吉，如果不能，那就不好说了。

纸时，你又会怎么想？"

"那我就更急了！天天看报纸，那还干不干活了？"

"很好，这就是我提炼出来的第二个信息——老板希望员工提高工作效率！不要小看这个简单的提炼，如果没有这个本事，你就领悟不到老板话中的主旨，而如果领悟不到，就不知道该如何应对老板。当一个员工给不了老板想要的东西时，老板留着他还有什么用？"

"换作我，直接跳槽了！这种斤斤计较的老板我伺候不起！"

"嗯！没错！这也是个不错的选择，远走高飞，再找别的地方！不过这一切的前提都必须是你能看出老板话中的隐含意思。其实，**当他人对你说话时，只要你能领悟到话中的隐含意义，你就能抢占先机。因为此时的你比别人更加接近真相，而这个'真相'也就是你现实的处境，从而能够让你更早地做出决断。**

**彭新武老师评注**

在生活中，话语中含有隐含意义是非常常见的。分析隐含意义至关重要，因为它能让你在不同时间、不同地点对不同的事物做出正确的分析。

"同学们，这是我们生活中一个非常常见的例子。这个例子可以充分证明我在刚上课时所说的，看出陈述的隐含意义，可以在很大程度上改变你的未来，提升你的事业，让你更快、更早地推开成功的大门。"

## 隐含信息会告诉你危险在哪里

"隐含信息不仅能帮助你取得成功，还能防止你做出错误的选择，避免失败，或者是帮你躲开不必要的麻烦。关于这一点，最明显的陈述就是那些虚张声势的话，尤其是出自言行不一的人之口则更应该注意。如果投资者在和他人谈判时能及时察觉，那么他就能避免一次失败。"

刘咏洁插话说道："尤其是在中国古代，这样的例子简直数不胜数！乾德年间，有一天，赵匡胤在退朝之后，将石守信等帮助自己开国的高级将领全都留下了，说要请他们喝酒。就在他们开怀畅饮时，赵匡胤突然放下自己手中的酒杯，对部下们说：'当初如果不是大家鼎力相助，我现在也当不上皇帝。可如今我虽然贵为天子，但实际上还没有一个普通的节度使快乐。实话告诉你们，我当上皇帝之后就没睡过一天好觉。'赵匡胤的这番话令他手下的这些人大惊失色，于是他们赶忙问道：'您已经是皇帝了，天下都是您的了，您为什么不快乐？'赵匡胤说：'你们想想，荣华富贵谁不想要？如果有一天你们的部下因为想要富贵而在私下给你们做龙袍，并劝你们黄袍加身，就算那时候你们不想造反，可是，还由得你们吗？'"

"石守信等赶忙跪下说：'臣等愚昧，实在不知道这件事该如何是好，还是陛

## 杯酒释兵权

虽然皇上并没有明说要让他们交出兵权，但是大臣们都听出了话外音——如果真出现了那种情况，就算你无谋反之心也要被定为谋反之罪。于是，他们就主动交出了兵权。这就是听出话外音的好处。

赵匡胤请开国功臣吃饭，大臣们都高高兴兴地去了。

→

在酒桌上，赵匡胤举起酒杯对大臣们说："你们想想，荣华富贵谁不想要？如果有一天你们的部下因为想要富贵而在私下给你们做龙袍，并劝你们黄袍加身，就算那时候你们不想造反，可是，还由得你们吗？"

→

大臣们连忙下跪说："我们把兵权交给您！"

下您说吧！'于是赵匡胤便借着这个机会跟部下们表达了自己的想法，并表示只要他们能主动放弃兵权，就让他们一生荣华富贵，上下相安。于是大臣们便马上放弃了自己的兵权。这就是著名的'杯酒释兵权'。"

刘咏洁讲完，杰文斯笑着说："刚才刘咏洁同学讲得很好。其实那些部下都是精明之人，因为他们听出了皇帝的话外音，那就是如果你们胆敢凭借着自己手中的兵权造反或者是让我发现你们的部下劝你们龙袍加身，那你们的下场就会很惨。"

"不对吧！"张清远有些不解地说，"赵匡胤说完这番话时，他们明明说自己不知道如何是好，最后还是赵匡胤给他们拿的主意啊！"

刘咏洁大声说道："尽管他们嘴上虽然没说，但心里肯定已经猜得八九不离十。之所以会说'不知如何是好'，是因为他们想通过皇帝的话来进行最后的确认！如果真像你说的那样，那皇帝说完之后他们为什么没有反驳，而是连想都不带想地就同意了？"

刘咏洁说完，张清远恍然大悟地说："原来是这样！"站在讲台上的杰文斯也点了点头，并说道："如果他们当时没有领悟到皇帝话里的隐含信息，恐怕早就和皇帝理论起来了。如果是那样，人头落地就是迟早的事儿了。可以说，是隐含信息救了他们一命！"

正在这时，下课铃响了，杰文斯听见铃声之后整理了一下手中的教案，然后微笑着对同学说："下课了，我也没什么要讲的了，希望大家都能拥有一个美好的未来！"说完，杰文斯便走出了教室。

 杰文斯老师推荐的参考书

《逻辑学初级教程》 威廉姆·斯坦利·杰文斯著。本书出版后，迅速成为英语世界里最为流行的逻辑学基础教科书。

《纯逻辑，或数与量之间的逻辑》 威廉姆·斯坦利·杰文斯著。本书的基础是乔治·布尔的逻辑体系，但杰文斯摒除了他认为错误的数学外衣。

# 弗雷格老师主讲
# "谬误"

相信科学，相信理性的逻辑。

戈特洛布·弗雷格（Gottlob.Frege, 1848—1925）

　　戈特洛布·弗雷格，德国数学家、数理逻辑学家，数理逻辑和分析哲学的奠基人。格丁根大学哲学博士，长期任耶拿大学教授。

　　弗雷格没有在有生之年得到广泛的赞誉，但是得到伯特兰·罗素、路德维希·维特根斯坦和卡尔纳普的称赞。他们认为他注定会产生重大的影响。第二次世界大战后，他的研究才在英语世界广为人知。原因之一在于，一些将他的主要著作翻译成英文的哲学家和逻辑学家移居到了美国——例如卡尔纳普、塔尔斯基和哥德尔。

一整天，陈思颖在课间都是一个人呆呆地坐在自己的座位上，即便是最好的朋友叫她出去，她也是动也不动。

"你怎么了？"张梦甜关切地问道。

"我昨天数学考试没及格，被我妈妈狠狠地骂了一顿。"

"嗨，这有什么，我经常挨骂！"

"哎呀，你不知道，我妈妈把我考试不及格的原因全都归结在我平时爱看课外书上。在她眼里，天天看书复习的孩子就肯定考得好，而像我这样的就肯定考不好！"

"这么说就不对了，咱们班上的张梓茗也总是看课外书，但学习成绩挺好啊！"

"是啊，所以我妈的观点就是错的！因为这构不成必然的因果关系啊！"

就在这时，上课铃响了。

## 连续发生的事物不一定有因果关系

**彭新武老师评注**

弗雷格不仅是德国最伟大的逻辑学家之一，还是数理逻辑和分析哲学的奠基人。

"大家好，我叫弗雷格，是德国数学家、数理逻辑学家，今天的逻辑课由我来给大家上。"

就在弗雷格准备专心讲课时，突然发现坐在后边的陈思颖低着头，满脸的不开心，他关切地问道："怎么了，陈思颖同学，都星期五了还不高兴啊？"

"我昨天晚上因为一张卷子跟我妈妈吵起来了！"

"怎么回事？"

"我平时爱看课外书，这次数学没考好，我妈就一口咬定是我平时总看课外书造成的！我承认看课外书占了我一定的时间，但这并不能证明我在学习上就不努力啊！"

"原来是这样啊。不过你说得没有错，而且也正是我今天要给你们讲的。在我们追寻真理的过程中，一定会遭遇到许多错误，在逻辑学中我们将它称为'谬误'。在生活中，很多人都是这么推断的：因为一件事物出现在另一件事物之后，所以就认定第二件事物肯定就是第一件事物导致的结果。其实这是一种生活中非常常见的思维错误。第一件事是否会导致第二件事情发生，并不能以简单的时间上的连接来确定。也就是说，因果关系必须有其他证据来证明。关于这一点，生活中有很多常见的例子。

"公鸡打鸣，太阳升起。不过，太阳其实并不是'升'起来的，而是因为地球自转，所以才会有白天和夜晚。因此，并不是公鸡打鸣才使太阳升起。然而，由于这两种现象在时间上有连接，因此生活在古时候的人就有可能假定这两件事情存在因果关系——公鸡打鸣使太阳升起。我想问大家，我们又怎么来证明公鸡打鸣确实无法令太阳升起呢？"

同学们互相看了看，谁都说不上来。

"呵呵，记得在我小时候，我家后院有一个鸡笼。我在每天天亮之前都能听到鸡叫声，直到有一天我们把那只鸡杀了为止。鸡死了，自然无法打鸣了，但是太阳每天还是照常升起。事情就变得很明显了，就算鸡不打鸣，也还是会日出。由此我们可以确定，要想让日出这件事发生并不一定需要公鸡打鸣这件事在这之前发生，而是另有原因，所以说公鸡打鸣不是日出的必要条件。

"当两个不同的情况发生时，尤其是当它们接连不断地发生时，人们的确总是会觉得其中的一个情况肯定能解释另外一个情况。这种说法是毫无根据的，更是不可信的。这两个事物之间的确也有可能存在必然联系，可如果我们想要证明两者之间存在因果关系，就必须要证明除去原因之后，结果已经不能在不违反某些公认的一般原则下存在。如果发现结果仍然能独立存在于原先设想的原因之外，那么两者之间就不存在因果关系。"

"公鸡为什么会打鸣呢？"刘咏洁问道。

"哈哈，这就是常识问题了。尽管这已经脱离了我今天要讲的内容，但是既

## 公鸡打鸣

如今谁都知道"太阳升起"的真正原因是地球自转，而不是公鸡打鸣，但古代的科技没有今天这么发达，因此古人就得出了错误的因果关系。

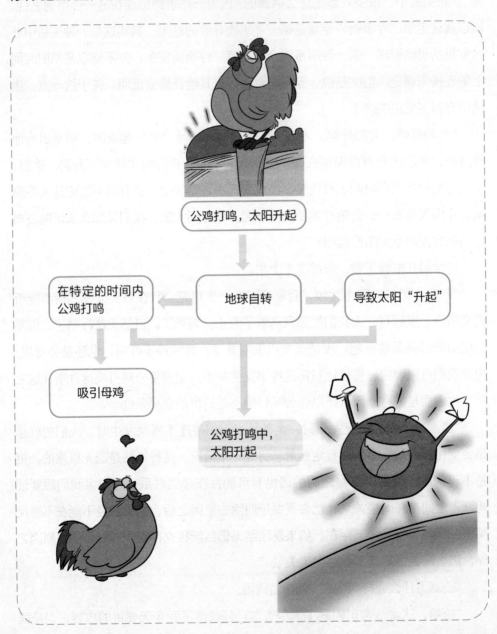

公鸡打鸣，太阳升起

在特定的时间内
公鸡打鸣

地球自转

导致太阳"升起"

吸引母鸡

公鸡打鸣中，
太阳升起

然你问了，那我就来讲讲。其实，公鸡打鸣并不是因为它要告诉大家太阳升起来了，而是因为它想召唤母鸡来跟它交配。从逻辑学的角度说，公鸡打鸣只是间接与日出有关，或者说两者是同时发生的事件，而不是因果事件。

"我还可以再给你们举个例子。下雨时，街道变湿，雨停之后，街道变干，而在街道变干之后，又开始下雨。难道因为这样，我们就能说街道变干是导致下雨的原因吗？当然不会，但是原始的思考可能就会认为，街道变干是下雨的原因，因为每次街道变干之后，雨迟早都会来。"

"要是照您这么说，那这样的例子真的是太多了！"弗雷格说完，刘咏洁也跟着说道："萧伯纳是素食主义者，也是位伟大的剧作家，但他能成为剧作家就是因为他不吃肉使然吗？或者说他要是吃了肉就无法成为伟大的剧作家了吗？这些肯定是不可能的啊！"

"没错，这两件事都是独立变量，而非共存变量。如果谁要是不相信，就吃一年素食试试，看看一年之后你是不是会成为全国高考状元。"

弗雷格说完，班里一阵哄堂大笑。

## 谬误面面观

"接下来，我再问大家一个常识性的问题，你们谁知道玛雅人？"

张梓茗答道："玛雅民族是一个了不起的民族，他们最擅长的是天文和数学，而且他们发明的'万年历'推算时间也相当精准。人们对玛雅人的情况了解得最多的是玛雅预言……"

"你知道玛雅人的神是什么吗？"

张梓茗挠着头说："不太清楚。"弗雷格说道："玛雅人的伟大神是恰克。当时玛雅人认识到农作物的生长离不开雨水。他们经过反复观察之后发现，雨水少的时候收成不好，而不下雨的时候别说是收成了，根本就是寸草不生。"

"那他们当时是如何解决的？他们是不是会在不下雨的时候求雨呢？"

"没错，当时对他们来说这的确是个问题。事实上，真正有效的方式是想办法抽取地下水，但玛雅人当时还没有这个能力，而且那时的他们正在忙着想别的事情——一个根本没有效果的方法。"

"哦，我知道了！"张梓茗恍然大悟地说，"您说的是祭祀吧！"

"没错。不过不久之后，他们就发现这个方法也不能解决问题。最后，他们终于想出了一个他们既能做到又能真正解决问题的方式，那就是搬到有雨的地方去。"

"不过在他们想出这个方法之前，一直都是通过祭祀，对吧？"

"没错。在这之前，只要出现旱灾，就一定会有人自愿淹死在天然水井当中。而且除了人以外，很多贵重的物品也都被扔进了河里。他们这么做是为了取悦恰克，好让他多往地上洒点儿水。

"如今，我们之所以会知道玛雅人祭祀的动机，是因为石头上的形象文字，还有那些神秘的玛雅书籍告诉了我们这一点。井里的那些骨骸则是最好的证据。

"不过，最重要的是结果，当时在进行了若干次祭祀之后就下雨了。因此当时玛雅人便得出结论——祭祀有用。"

"哎呀，那肯定是巧合！"张梓茗大声说道。

"没错，的确是巧合。不过，当时的科技水平哪里能跟现在比，而且也没有那么多的理论。因此在下雨之后，玛雅人的脑子里就产生了一个想法：以后要是再不下雨，就得祭祀。

"我知道你们会觉得这件事蠢透了，但是在当时，这却是不折不扣的事实。玛雅文明之所以会灭亡，也正是因为他们陷入了这种充满了错误的泥潭。他们深信时间连接的两件事先后发生时，彼此之间肯定存在着因果关系。所以在玛雅人接受了这个错误的通则之后，就再也没有人能够阻止不科学的活动了。关于玛雅文明的灭亡，一直以来都有一个非常合理的观点，那就是由于大量的祭祀活动造成了人口大量减少。"

"我还是没明白，"张清远一边挠着头一边说，"就算人口少了，跟玛雅灭亡又有什么关系呢？"

# 狮子与羚羊

狮子与羚羊之间的竞争，本质不是它们之间的竞争，而是狮子与狮子之间的竞争和羚羊与羚羊之间的竞争。

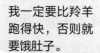

刘咏洁激动地说道："玛雅帝国人口锐减，打起仗来就没有充足的兵源，而一旦输掉战争，又要有更多的人被用来祭祀。在这种情况下，玛雅文明能不消失吗？"

弗雷格说道："不过，关于玛雅文明的灭亡，至今尚无定论，所以刘咏洁同学说的，只是很多可能之一吧！其实类似于这样的例子还有很多。比如我们从小听过的一些寓言故事，其实很荒谬。有一则寓言说，狮子每天醒来都在想'我一定要比羚羊跑得快，否则就要饿肚子'；而羚羊每天醒来也在想'我一定要比狮子跑得快，否则就要被狮子吃掉'。这则寓言告诉人们，竞争每时每刻都存在，一定要发奋努力，类似于我们以前经常听到的'落后就要挨打'，而这是'落后就要挨饿'或者'落后就要没命'。"

"然而，这则寓言的逻辑是有错误的，因为不同物种之间的竞争是相对的，而相同物种与不同个体之间的竞争才是绝对的。狮子捕食羚羊是生存所迫，否则狮子会灭亡。而狮子要吃哪一只羚羊则是随机的，羚羊要被哪一只狮子吃掉也是随机的。对于狮子来说，每天醒来要想的不是比羚羊跑得快，而是要比其他的狮子跑得快，抓住跑得最慢的羚羊，否则自己就要增加捕猎的难度，增加挨饿的概率。

"同样，对于羚羊来说，每天醒来要想的不是比狮子跑得快，而是要比别的羚羊跑得快，这样就不会轻易被狮子抓住以致丧命。因此，狮子与羚羊之间的竞争，本质不是它们之间的竞争，而是狮子与狮子之间的竞争和羚羊与羚羊之间的竞争。"

## 迷信全是谬误

"通过刚才我给大家讲述的内容，相信大家应该了解了错误的推理所产生的谬误是怎样的了吧！接下来，我将为大家讲一讲奇迹与迷信的谬误。"

"这个我们清楚，"张梦甜接过话茬说道，"我们中国也是一直提倡不信鬼神的，但是……"

"看你说话的语气，看得出来你有些将信将疑。接下来的时间我将就这一主题为大家讲解。我先给大家举一个简单的例子。如果有一个人每天都从楼梯下面走过去，两年之后的某一天，当这个人从楼梯下走过的时候却突然发生了意外，如果是你，你会沿着他走过的路线再走一遍吗？"

"当然不会了！我害怕！"

"你怕什么？"

"不吉利啊！要是我沿着他的路线走，哪天我也跟他一样怎么办？"

"我明白了，你是怕自己也跟着倒霉，对吧？"

"当然啦！"

"那你有什么方法或者是证据能证明，凡是沿着他的路线从楼梯下走过的人就一定会倒霉呢？"

"我……我还真拿不出来。"

弗雷格笑着说道："所以说，除非你忽视这个人是因为之前喝多了，或是你忘记了在这之前他无数次沿着这个路线从楼梯下走过却没有发生意外的事实，否则，你怎么可能相信这么荒谬的说法？"

张梦甜点了点头说道："也是啊，我为什么总是只关注他发生意外的这次呢？之前那么多次都安然无恙，我却一点儿都没关注，看来问题还是出在我自己身上。"

张梦甜刚刚说完，弗雷格就接着说道："没错，所有的迷信都是荒谬的。或许在你们眼里这话早已经是听了无数回的陈词滥调了，但这也是不争的事实。因为迷信的定义原本就是毫无根据的猜测，所以它必定是完全、彻底的荒谬。我还认为迷信是很愚蠢的一件事，也正是因为愚蠢，我们才把迷信也称为'愚信'。迷信之所以不好，是因为它会让我

**彭新武老师评注**

对于科学家来说，他们既不相信上帝，也不相信撒旦，他们唯一深信的就是科学与真理总有一天能合理地解释世界上的一切现象。

## 迷信全是谬误

人们觉得自己遇到"神"时，其实是在心里变相地安慰自己。而当觉得自己遇到"鬼"时，其实也是在变相吓唬自己。

们脱离现实世界。世界上原本有那么多真实存在的事物等着我们去关心、研究，但迷信却让我们把这些全部抛在脑后，反而花费大把的时间去研究那些虚假的事物。在生活中，如果有人跟你说不要从梯子下面走过，或许是因为存在着明显的危险。比如当你从梯子下走过时，上面会掉下东西砸到你，显然，这个危险是真实存在的。可我现在要谈的不是这个，是迷信。迷信是什么？就是你认为当你从梯子下走过时，会对你的运气乃至人生产生不好的影响。再简单点儿说就是，这件事会对你的将来产生很大的副作用。关键是副作用在哪儿？是我们看得见，还是摸得着？所以迷信完全是谬误。"

"当然，迷信的也不仅是张梦甜，西方也有人对数字 13 和星期五的迷信，而且这种迷信思想还很深。同样，西方人还认为兔子脚能给自己带来好运，但一个人运气的好坏其实和兔子脚没有任何关系。"

刘咏洁说道："老师，我突然想到了一个故事。据说很早时候，谬误偷了真理的衣服，他将自己打扮起来，于是放心地到处乱跑。一天，他来到一棵大树底下，遇见一个须眉皆白的老人。老人坐在石凳上，冷峻而犀利的目光注视着他。谬误大摇大摆地走近他问：'老头儿，认识我吗？''认得！'老人威严地回答。'那你说，我是谁？''你是谬误。''胡说！'谬误拍拍衣服，大声反驳，'你看，我穿着华丽的衣服，戴着珍贵的首饰，上上下下金子般闪光，明明是真理，你胆敢说我是谬误！'老人笑笑，站起身来，反问道：'那你也仔细看看，我是谁？'谬误看了半天，只是摇头。老人仰天大笑，说道：'我就是真理的父亲——时间老人啊。'谬误听了，扭头就跑。从此，只要时间老人一出现，谬误就藏起来。因为谬误经不起时间的考验。"

"是的，一切谬误都经不起时间的考验。"正在这时，下课铃响了，弗雷格收起了教案，并对同学们说："好了，今天的课就上到这里。我在这节课上讲了不少历史故事，但不要只记得故事，忘了我给大家讲的逻辑学知识。同学们，再见！"

弗雷格刚走，张梦甜就马上跑到陈思颖身边，笑着对她说："这下好了，上完今天这节课，你可以跟我上次一样，回家之后好好跟你妈妈展开一场辩论赛了！"

陈思颖却依然愁眉苦脸，这时，张梦甜不解地问道："怎么了，难道你还没有信心啊？"

"哎呀，我哪儿还有心思辩论啊！你看看，这周留了这么多作业，我都不知道什么时候才能写完！"

 弗雷格老师推荐的参考书

《概念演算——一种按算术语言构成的思维符号语言》 弗雷格著。此书为分析哲学打开了一扇大门。

《算术的基础——对数概念的逻辑数学研究》 弗雷格著。在这部著作中，他详细探讨了什么是数，什么是0，什么是1等基本概念；他批评了许多数学家和哲学家，包括密尔、康德等人关于这些问题的错误论述；他还从逻辑角度阐述了这些概念。这就为他的第三步，即以逻辑系统来构造算术奠定了基础。虽然后来由于罗素发现了悖论，他的第三步工作没有成功，但是他的前两步工作仍获得了人们的称赞。

# 雷曼老师主讲
# "错误类比"

人类的联想并不是每一次都是正确的、合理的。

斯蒂芬·雷曼（G: Stephen Layman，1959—）

　　斯蒂芬.雷曼，美国人，西雅图太平洋大学哲学系主任，1983年博士毕业于加州大学洛杉矶分校。他的研究领域为宗教哲学、伦理哲学和逻辑哲学，主要著作有《善之形》《逻辑的力量》《致疑惑的托马斯》等。

课间，陈思颖将自己的素描拿给张梓茗看。张梓茗看完了之后嘲笑道："哎呀，这是你画的啊？"

"怎么了？这可是我的'大作'，你得懂得欣赏！"

"你这也叫人物素描？把那脸画得跟鞋拔子似的。"

"我说你不懂得欣赏就别瞎比喻！"

正在这时，上课铃响了，还想争吵的两人不得不回到座位上。

## 错误类比是一种思考错误

"大家好，我叫雷曼，来自美国，是西雅图太平洋大学哲学系的主任，主要研究的领域是宗教哲学、伦理哲学和逻辑哲学，今天的课由我来给大家上。不过在上课之前，我想先解决班里同学之间的纷争，因为我不想有人带着情绪来上我的课，会影响听课的效果。我刚才在外面听到了陈思颖和张梓茗的对话。我想对张梓茗说的是，全班同学都知道你是尖子生，又在美术方面有特长，因此当别的同学把画拿给你看时，肯定是希望你能给出最诚恳的意见，但是你却做了一个错误类比，嘲笑了对方，伤了人家的心。"

雷曼说完，陈思颖便连连点头。不过，此时张梓茗的注意力却已经转移了，因为他从雷曼的话里听到了一个新词，这引起了他的兴趣。"等等，您刚才说的'错误类比'是什么？"

"呵呵，这正是我今天要给你们讲的。"

说完，雷曼便将目光转向同学们，并提了一个问题："谁能给我解释一下'类比'这个词？"

"我知道！"陈思颖在雷曼老师的帮助下，重获了自信，她积极地回应道，"类比就是由两个对象的某些相同或相似的性质，推断它们在其他性质上也有可能相同或相似的一种推理形式。"

"没错，但是类比是一种主观的不充分的似真推理，因此要确认其猜想的正确性，还需经过严格的逻辑论证。如此看来，'错误类比'自然就是不正确的，也就是一种思考错误。在生活当中，人们的绝大部分思考都是由类比构成的。如果两个对象在人类的意识中连接起来，那么只要找到其中的一个，自然就能联想起另一个。这是人类最基本的心理机制。

不过我们要清醒地认识到，人类的联想并不是每一次都是正确的、合理的，也不一定都与现实的处境息息相关。我们的大脑往往会自然地将两件事物联系起来，因此就会自然而然地倾向于假定的事物之间必然会有某些相似的地方。然而，如果这两个事物之间原本是毫不相关的，我们的脑中就会形成错误认定，致使我们错误地认为两个原本毫不相关的事物之间存在着进一步的类似性。

**彭新武老师评注**

类比不能作为支持理论或判断的唯一工具，可以用来说明已经确立的事实，或是协助确立一连串思想或可行的假说。不过，类比的功用仅限于此，不能过度延伸。

"当然，在生活中类比论证往往是很容易被察觉的，但如果你肯仔细思考，就有可能发现彼此之间存在着矛盾。"

"老师，您还是具体给我们说几个例子吧，这样的学术语言对于我们这些初学者来说不是那么容易理解。"张梦甜说道。

"好，同学们知道多米诺骨牌吗？"

"小时候玩过，先按照图纸把骨牌都竖起来码好，然后推倒第一个，所有的骨牌会在几分钟之内跟着倒下。"

"不错，那我现在就做这样一个比喻，国家好比是多米诺骨牌，你觉得这个比喻合适吗？"

"不太合适吧！"

"说说原因。"

"这个……我也说不清，反正就是觉得不太合适。"

"老师，我来帮他回答吧！"陈思颖站起来说道，"这是因为不论是世界还是国家，都不具备多米诺骨牌效应。古往今来，在这个世界上有多少国家消失，又

# 错误类比是一种思考错误

除非能有大量的证据证明两件不同的事情之间有必然的因果关系，否则就不能产生多米诺骨牌效应。

一个人在脑中产生了这样的联想。

一个人在推倒骨牌时说："只要一个倒了，所有的就都倒了！"

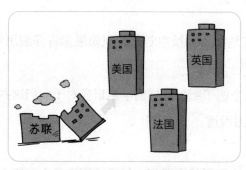

既然骨牌是这样，那国家政体也是这样吧！

但事实是

这个人惊讶地说："原来我想错了，事实竟然截然相反！"

有多少国家诞生啊！远的不说，就说苏联解体吧。苏联解体了，但世界上其他的国家并没有因为苏联解体而全部跟着消失啊！相反，在苏联解体之后，反而增加了许多新的国家。此外，要让骨牌倒也并不是一件容易的事，每枚骨牌之间的间隔和推倒骨牌时的力度都很重要。只要其中的一条没有掌握好，就做不到'一倒全倒'。"

"陈思颖同学回答得非常好。我平时喜欢园艺。将近 30 年的园艺经验告诉我，莴苣在春天生长迅速，但在夏天就枯萎了；而玉米在春天的时候生长缓慢，到了夏天才生长迅速。现在，如果我把政府形式比喻成这些植物，你们觉得恰当吗？"

"把政府形式比喻成植物的生长，这怎么比喻啊？政府哪有生长周期这一说啊！我觉得这个比喻有些牵强。"刘咏洁回答完，其他同学也跟着点了点头。

"好，既然你们觉得我这个类比不合适，那我们为什么不用些简单的方法呢？下面我先给你们列举一些说法。美国当前的经济形式对本国到底是好还是不好，我们暂且不论，但是要是把美国的经济形式放在其他国家，那就可能会给其他国家带来危害，所以美国的经济形式或许并不适用于其他国家。另外，美国的出口资本要是放到其他国家是不是就万无一失，毫无风险？在某个环境或地点受到民众欢迎的措施，要是换个环境或地点，有没有可能遭到民众的反对？"

正当有人想要打断雷曼的讲话时，他接着说道："我的意思你们明白了吗？多米诺骨牌的隐含意义就是，只要走错一步，就会满盘皆输。"

"事实上，任何事件中的每一个环节，都必须经过独立论证，至少也得有相关的证据支持来加以呈现。直到现在，还没有哪个事例能证明人类可以在未对个别事件做独立因果研究以前，就能假定某件事自然就能导致另一件事或者是导致一串的事件。"

"您的意思我明白了，也就是说在没有充分的证据证明这两件事或者是几件事之间有因果关系之前，事件与事件之间是不会产生多米诺骨牌效应的。对吗？"

"你总结得很好，比我自己说的还要简单明了！如果你们觉得刚才这个例子离咱们的生活太远了，那我就再给大家举一个更生动形象的例子。

"美国曾有一起特殊的诉讼案：一位美国商人向澳大利亚的一个皮包公司订购 4000 个皮包。取货时，美国商人发现皮包内的里衬是涤纶布料，他觉得这不能算是皮包，因此向法院起诉，要求对方赔偿 30％的损失。在美国商人执意打官司、法官偏袒的情况下，律师布莱恩为被告据理力争。布莱恩站在律师席上，取出一块金表问法官：'法官先生，这是一只什么表？'法官说：'这是一块名牌金表，可是这与本案没有关系。'布莱恩继续说：'这是一块金表的事实没有人怀疑，那么请问，内部机件都是金制的吗？'法官顿时感觉到中了埋伏。律师又接着说：'既然没有人否定金表的内部机件可以不是金做的，那么这桩皮包案件显然是原告无理取闹，存心敲诈而已。'这样的辩论，简洁明快，一下子使法官和原告无言以对。最终法官判美国商人败诉。"

"哦，我知道了，金表的外表是金的，但是内部的所有结构和构件都不是金的，但是却没有人怀疑这不是金表。皮包公司生产的皮包，外部是皮的，里面也有不是皮的材料，而将金表的情况与皮包进行类比可知，皮包厂生产的皮包的确是皮包，这一点是不容置疑的。"陈思颖激动地说。

"是的，没错，所以那个狡诈的美国商人根本就是在诈骗，在这样强有力的证据之下，商人自然无话可说。"

## 科学家也是会说蠢话的

"像这样的错误类比在生活中其实很常见，哪怕是成天搞研究的科学家，或者是政府官员、决策者，有时候也会说出让人们不敢相信的蠢话。"

陈思颖瞪大了眼睛说道："他们也会说蠢话？真有点儿让人不敢相信啊！"

"美国的一名国会议员曾经说：'这 720 亿美元的农业补贴计划可以很好地促进粮食生产，粮食就和钱一样，越多越好。'"

"我没看出来有什么问题啊！中国有句话：'人是铁，饭是钢，一顿不吃饿得

## 皮包纠纷

金表的外表是金的，但是内部的所有结构和构件都不是金的，但是却没有人怀疑这不是金表。皮包公司生产的皮包，外部是皮的，里面也有不是皮的材料，而将金表的情况与皮包进行类比可知，皮包厂生产的皮包的确是皮包，这一点不容置疑。

慌。'难道粮食多了还不好吗？"

"粮食多了当然好，但现在的问题不在于这里，而是在于所谓的农业补贴计划到底能不能真的有助于粮食生产，这一切都需要证明，而不是仅仅靠着某位官员的一句话。你们应该知道，所谓的'粮食补贴计划'就是指在金钱上给予农民一定的补贴，让他们降低粮食产量，这样就不会出现供大于求的现象，否则粮食的价格就会暴跌。因此，我真是不明白在这样的情况下钱是如何促进粮食生产的。难道这不是信口胡说吗？"

还没等讲台下面的同学们张口，雷曼老师又接着说道："还有，这名官员把粮食比作金钱，这样的类比正确吗？难道粮食真的就可以像钱一样吗？不错，粮食是食物，你可以吃，还可以大口大口地吃。然而，如果'粮食就像金钱一样'这个类比正确，那金钱也应该是食物，可实际上呢？此外，粮食和金钱之间还有很多不同的地方，比如说时间长了之后粮食会腐烂，但是金钱则永远不会。因此，为什么要说粮食多多益善呢？"

**彭新武老师评注**

有些科学家在阐述现象或事物的时候有时喜欢借用一些动物的行为来做比喻，认为这样更加生动，也更好理解。尽管从科学的角度讲，性质并没有什么太大的区别，但是却违背了逻辑原则。

"不仅是这些政府官员，就连一向以'严谨'这两个字作为座右铭的科学家们有时候也会说出一些蠢话来，而且在这当中很多都是错误类比。我记得世界著名动物学家莫里斯曾经在《裸猿》这本书中说：'在现在"城市生活"的华丽的外观下，其实还有很多的"老裸猿"，唯一不同的就是他们的名称换了而已。"狩猎"换成了"工作"，"配对"换成了"结婚"，"巢穴"换成了"房屋"，"伴侣"换成了"妻子"等。'"

"我认为这个类比的观点是，如果人类是从猿猴进化来的，那我们必定将保有猿猴的性质。然而事实上，这个类比是错误的，因为狩猎和工作完全是两码事，而且我们现在居住的房屋和我们祖先居住的洞穴相比也差得很远。说我们是从猿猴进化过来的，言外之意就是说人类是不同于猿猴的。而且，如今的人类还

# 粮食就是金钱

我们在生活当中唯一能深信不疑的只有科学，即便是很有权威和威望的人有时也会说蠢话或者是不符合逻辑的话。

只有粮食才是真的！我一定要多吃一些！

领导说了，粮食就是金钱，金钱就是粮食。既然如此，那我吃钱也一样！

粮食就是金钱。

吃得好饱啊，我都快撑死了！

天哪！这可是我最信任的领导啊！真没想到领导说的话也是错的！

穿着各式各样的衣服，所以我们当然不是那些浑身上下长着毛的猿猴！"

"人们在做类比时通常只靠主观想象，却从来不会去思考这些类比到底合不合适。"

"没错，"雷曼接着说道，"错误类比最常见的有两种类型，一种是将人类比作某种动物，关于这个我刚才已经讲过了；再一个就是将人类比成机器，关于这一点，我还可以给大家列举一些简单的例子。"

"比如我和我的车都在得克萨斯州。无疑，我和车之间的共同点是我们都在同一个地点，所以这是我们的相同性质，但这并不一定说明我们之间还有其他的共同性质。事实上，我和车在一些性质上是完全不同的。大家都知道，车是靠汽油才能发动的。因此对于车来说，汽油就是它行驶的动力，是它必不可少的燃料。不过请大家想想，如果我喝了汽油，那结果会怎样？"

"估计您就升天了！"

"所以说，关于这一点，我们完全可以从另一个方面合理地说，当我的汽车没有油时，它就好像人饿了一样，没有行驶的动力，因此就会熄火。同样的道理，如果我一天都没有吃东西，我就会全身无力。倘若这个类比没有过度引申，那它应该是个正确类比。无论是汽车还是人类，要想运转起来就需要燃料，只不过汽车的燃料是汽油，而人类的燃料是食物。不过，这两者之间也有不同点。如果我们给一个已经停机数个月的汽车加一点儿汽油，汽车还可以重新发动。可就算是往已经去世的人的胃里塞再多的食物，这个人也不会死而复生。"

"老师，您这么说有问题！"陈思颖突然打断了雷曼的话，瞪大了眼睛说道。雷曼也从她的眼神中看到了坚定的神情，微笑着说："好，你来说说到底是哪里不合适。"

"我觉得这个类比有问题，机器在停止时其实并没有死亡。事实上，机器根本没有生命，所以也谈不上生死。如果非要这么说，那么当机器'死'了时，就不能再重新发动了，因为死亡是不可逆的。因此，说您的车和您的身体类似，这个观点对一方来说是真的，但是对另一方来说就不是真的了。不过反过来，从两者的不同点来看，也是对一方来说是真的，对另一方来说是假的。"

"陈思颖同学，你分析得很好！那我现在问你另一个类比，将人类的大脑比作计算机，你说这个类比对不对？"

"我觉得也不对啊！"

"继续说，把你想说的全都说出来。"

"其实稍微想一想就知道了，大脑并不是计算机，也不像计算机，因为大脑是活的有机体的一部分，但计算机却是没有生命的。另外，大脑是靠新陈代谢来消耗葡萄糖和氧气的，而计算机却是使用电力来运作。还有，从医学上讲，大脑只要几分钟没有氧气和葡萄糖的供应就会死亡，而计算机却可以数月不用电，可

## 大脑＝计算机？

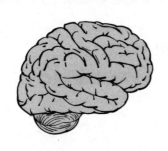

大脑是活的有机体的一部分
大脑依靠新陈代谢来消耗葡萄糖和氧气
大脑只要几分钟没有氧气和葡萄糖的供应，就会死亡
大脑可以独立思考

计算机没有生命
依靠电力运作
计算机可以数月不用电，只要一打开开关，仍然能继续运作
计算机无法独立思考，要经过人工操作来完成

结论：大脑和计算机是截然不同的两种事物

只要一打开开关，计算机仍然能继续运作，也就是说关闭电源不会对计算机造成致命的伤害。类似这样的不同性质还有很多，比如说大脑可以独立思考，但计算机却不能，所有的一切都要经过人工操作来完成。所以我的结论就是，这两者是截然不同的两个事物。"

"回答得非常完美！所以说，人类能不能通过研究大脑来了解计算机？"

全班同学齐声回答道："完全不能！"

"那反过来说，人类能不能通过研究计算机来了解大脑？"

全班同学也齐声回答道："完全不能！"

"由此，我们得到了刚才所说的那个结论——大脑不是计算机，也不像计算机。"

就在这时，下课铃响了，雷曼笑着说："同学们，今天的课就上到这里，再见！"

雷曼走后，张梓茗就来到陈思颖身旁，不好意思地对她说："今天是我不好。你好不容易画出来的画，我不该那样说。"

"这主要是你类比得不对，好啦，没关系啦！"

**雷曼老师推荐的参考书**

　　《逻辑的力量》斯蒂芬·雷曼著。本书秉承这样一种信念：逻辑工具的确是有力量的，对逻辑的学习是提高读者批判性思维能力的最好方法之一。

　　《简单的逻辑学》D.Q.麦克伦尼著。本书介绍了逻辑学基本原理和技巧。本书从逻辑学的基本原理到论证，再到非逻辑思维的根源和主要形式，这些看似枯燥难懂的内容，被作者以贴近生活的通俗易懂的方式讲述得明明白白。生活中，逻辑无处不在。无论我们是有意还是无意，逻辑无时不在服务于我们的生活。然而逻辑到底是什么，也许没有太多的人有清晰的概念。对门外汉或是初学者来说，本书有切实的帮助。这本书的目的是向读者介绍逻辑学的初步知识和基本技巧。

# 奥卡姆老师主讲 "片面性思考错误"

情感与习惯往往会让我们片面拣选。

奥卡姆（William of Ockham，约1285—约1349）

奥卡姆，英国经院哲学家，唯名论者。先后在牛津大学和巴黎大学学习，主张哲学的对象只能是经验以及根据经验而作出的推论。

课间，张梓茗在自己的位子上找了半天，就是不见游戏机的踪影，这可是他攒了半年的零花钱买的！他妈妈一直不让他把游戏机带到学校，可现在他不但带来了，还给弄丢了。他急得满头是汗。

这时，张清远刚好从他身边经过。张梓茗一把揪住张清远的衣服并大声嚷道："张清远，是不是你拿的？"

"你怎么看谁都像贼？"

"平时你拿我游戏机的时候就不爱跟我打招呼。我以前之所以不跟你计较，是因为你每次玩不了多久就能还回来。怎么，这次不打算还了是吗？"

"以前我是有这毛病，但这次真不是我拿的！"

就在这时，上课铃响了，无奈的张梓茗只好将张清远放开，但心里还在暗骂着：下了课再找你算账！

## 人类内心的情感往往要强于理性

"大家好，我叫奥卡姆，来自英国。尽管我的主攻方向是哲学，但在逻辑学方面也有一些研究。在上课之前，我想先解决一下刚才班里发生的冲突。"

说着，奥卡姆便把头转向了张梓茗："这位同学请起立！"

张梓茗一听语气不对，立马站了起来。

"我刚听见你在全班同学面前大喊大叫，发生什么事了？"

"张清远偷了我的游戏机却不敢承认！"

张清远刚要开口反驳，马上被奥卡姆拦住，他说道："行了吧，你们刚才说的，我在楼道里隐约听见了些。就算他有拿别人东西不爱打招呼的毛病，但这能作为直接证据吗？"

"我……"

"没关系，只要你在今天的课堂上好好听讲，我保证你的游戏机不会丢。"

张梓茗听到这话之后，只好无奈地坐下，但心里想的全都是他的游戏机。

"同学们，关于刚才这件事，你们是怎么看的？"

"张梓茗只是凭空怀疑，瞎猜的！"

"是啊，他根本就拿不出证据来！"

"没错，在逻辑学中，这样的举动就叫作'片面地拣选证据'。这是人们在生活中经常会犯的思考错误，也是我今天给你们讲课的主要内容。"

奥卡姆停顿了一下之后便接着说道："相信之前的老师一定给你们讲过，逻辑学的重要作用之一就是以最快速、最简洁的方法来帮助人们找到真理。然而在寻找真理的过程中，我们必须充分考虑所有的证据，不能只凭借部分证据，更不能像张梓茗同学那样仅凭自己的猜想就随便给他人定性。张梓茗，如果这要是在法庭上，你是审判的大法官，难道你也只凭借着自己的猜想去断案吗？如果所有的法官都像你刚才那样，你知道这个世界上要出多少'冤假错案'吗？恐怕不出10 年，人类就该互相残杀了！"

张梓茗不好意思地低下了头。

"从某些方面来说，片面地拣选证据就是你们之前所学的过度概括与简化等的错误根源。这些错误都有一个共同点，那就是它们只从所有的论证中抽取一部分，却忽视了其他很多同样重要的元素。这就是我们平常生活中所说的'偏见'。

"其实，我们在生活中对他人的偏见有时会让我们倾向于对自我的偏私。逻辑学将这种偏私称为'片面辩护'，通俗点儿说就是只采纳那些有利于自己的论证，而对于有利于对手或他人的论证却毫不理睬。因此，以不适当、不完整或者是错误的证据为根据的意见就是不合理的片面拣选。也就是说，要想不产生偏见，评估证据的过程就成了关键。在现实中，我们却面临着四重困难：第一，我们在思考问题时，必须将所有相关的证据都考虑在内；第二，我们要准确判断证据是否恰当、充分；第三，必须将所有证据一一做判断，看看它们是否全部合理；第四，如果发现不是所有的证据都是合理的，那我们还必须判断出具体哪些证据合理，哪些证据不合理。"

"哎呀，怎么这么麻烦啊？"陈思颖挠着脑袋说道。

"是啊，要是世界上的事情都像我们想象中的那么简单，那这个世界上哪儿还有这么多的错误和不公啊！要知道，筛选证据、判断真伪从来就不是简单的事情。像张梓茗刚刚的妄想就是一种错误信念，但也是人们最值得注意的事情之一。有很多证据证明，人类在思考的时候，情感的成分要更胜于理性。**有些心理学家甚至说过：'绝大多数人的脑中的高地都是被贪婪、热情、偏见占据的。'**因此，无论是我们很有自信的判断，还是一如既往的看法，与其说是认真思考，还不如说是来自于我们自身的本能。所谓的'理性'其实和德行一样，是人类拥有的一种能力，但是这种能力要靠极大的努力才能获得。

**彭新武老师评注**

在生活中，因情感战胜理性而导致人们判断失误是非常常见的，这也许与人们脑中先入为主的概念有关，也许与之前就对对方有所成见有关。

"除此之外，我还想向大家讲讲合理化。它也是一种常见的由人们的情感所主导的片面性思考错误。"

"听起来很高深啊！"

"一点儿也不高深，狐狸吃不着葡萄说葡萄酸的故事，大家应该都知道吧？"

"知道，怎么可能不知道呢，狐狸够不着葡萄，于是便认为自己不想吃葡萄。狐狸不想吃葡萄，因为它认为葡萄是酸的。"张梓茗兴奋地说道。

"事实上，狐狸是在逃避它够不着葡萄的真正理由，如自身的缺点、不够聪明、能力不足或个子不够高。狐狸未能面对自身能力不足的问题，反而想出安慰自己的谎言——不想吃葡萄，但这个谎言太露骨。它知道自己其实是想吃葡萄的，于是就想出更好的理由。为了掩饰谎言，狐狸必须努力把谎言转变成意识能接受的东西。

"通常，谎言在经过加工之后，就成了幻想或合理化的说辞。狐狸选择了后者，说自己不想吃葡萄，是因为葡萄很酸。其实，葡萄并不酸，结论与事实不符，因此结论是错的。而日常生活中，当人们无法得到自己想要的东西时，就常常利用'酸葡萄'的说辞来搪塞，实际是在通过合理化的方式，来避免冲突以保护自我。

## 吃不着葡萄说葡萄酸

合理化给予我们行动、信念与欲望的合理或看似合理的表面解释或借口，而未碰触我们真正的动机。

我才不要吃葡萄呢，葡萄太酸，不好吃。

"合理化给予我们行动、信念与欲望的合理或看似合理的表面解释或借口，而未碰触我们真正的动机。合理化很常见，因为人们喜欢援引支持自己观点的论证，但绝大多数的论证都不是真正的理由，而是假冒的理由。其实，所谓的推理很多只是用来合理化，让我们已经相信的事物看起来合理。有时，合理化不是用来说明自己的意见，而是为了掩饰个人的不足。"

奥卡姆继续往下讲："其实包括我自己在内的所有人都会有这样一种幻想，就是认为自己是理性的。因为对于那些在生活中受过伤害或者是放弃过一些不想放弃的东西的人来说，这样想会让自己舒服一点儿，说白了就是一种自我安慰。到了关键时刻，我们的选择总是倾向于保护自己。因此在潜意识的作用下，我们便不知不觉地做出了这样的选择。"

"等等！"陈思颖突然打断了奥卡姆的话，"这不就是所谓的'潜意识'吗？"

奥卡姆笑了笑说："没错，这就是潜意识。有很多精神医学和心理学的证据表明，人类的思想主要就是由三部分组成的：意识、前意识和潜意识。所谓的'意识'，就是说你的思想和自己可以马上察觉的感受。前意识是指人们能够提前预知他人或自身事态的发生及后果的意识，而潜意识从某种角度上说可以算是人的本能，除此之外，还包括人类的非反应意识，还有那些未曾浮现在人类意识层面里的记忆、无法马上想起来的重要会议，甚至还包括人类对性与食物的情感内驱力等。"

"真没想到，'潜意识'这简简单单的三个字中包含了这么多东西！"陈思颖惊讶地说道。

"比如说你和你男朋友一起去参加宴会，但有个比你漂亮的女人在宴会中亲了你的男朋友。如果你看见了会怎样？"

"那还用说，我当然是火冒三丈了！"

"哎哟！还是个醋坛子啊！"旁边的男同学起哄说道。

就当陈思颖想还嘴时，奥卡姆抢先说道："你们不要这样！正常的女人遇见这种事都会有这样的反应，将这种情况放在男人身上，也不可能无动于衷。其

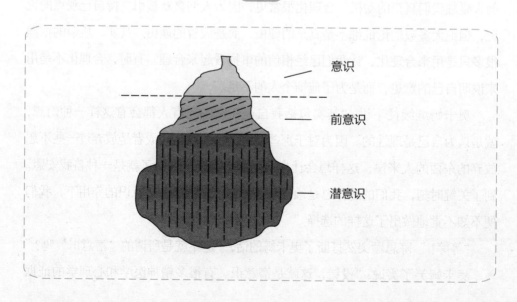

思想

意识

前意识

潜意识

# 人类内心的情感往往要强于理性

在生活中会有很多突发事件导致我们在一时之间失去理性，这很平常，也很正常，但也正是因为这样，往往会让我们在关键时刻做出错误的判断和选择。

夫妻二人参加一个宴会

这时，突然来了一个女人亲了丈夫一口

情感：妻子顿时火冒三丈，并严厉地质问丈夫："刚才那个女的是不是跟你有关系？你们俩一定背着我干了什么事！咱们明天就离婚！"

理智：妻子平静地问丈夫："刚才那个女的是谁？你们认识吗？还是说她一直暗恋你？如果你们认识，我觉得她不应该当着别人的面开玩笑；如果不认识，那在公共场合对一个陌生人这样做有失妥当。"

实，我遇到过一次类似的情况，可是我当时尽管很生气，但并没和那家伙扭打起来，我努力克制自己的怒火。刚开始，我脑子里想的是教训教训他，但后来变成了我想威胁他，吓唬他！"

"看来您这个逻辑学者遇事也不理性啊！"张梓茗言语间有点儿嘲讽。

"在我的反应中，一点儿理性的影子都找不到吗？好像也不是这样吧！有研究显示，情感内容有时候具有知识性。举个简单的例子，人类的本能告诉我们不要轻信陌生人，这让我们对骗子时刻保持戒心。所以，当我发现有危险在威胁着我平静而美满的家庭时，不论我做出什么样的行为都是可以理解的。"

## 情感与习惯往往会让我们片面拣选

奥卡姆顿了顿，接着说："我爱我的家庭，但情感因素往往也会使我们在关键时刻只选择自己喜欢的证据。关于这点，我还可以给你们举个例子。你们都知道达尔文吧？"

"当然，进化论就是他提出的，我们在生物课上学过。"

"很好，但你们只知道他在生物学上取得了巨大的成就，却不知道当年有多少人反对他吧？"

"还有这事？"

"是的，那时候达尔文总会在自己的手边放一个笔记本，里面记录了很多反对进化论的意见。显然，这是他刻意为之，因为他发现如果在听到反对意见时不马上记下来，过不了多久他就会把这些意见忘得一干二净，而只会记得那些支持他的观念和意见。因为那些反对意见会让达尔文感到很不舒服，所以达尔文的潜意识会以此为理由自动地忘记它们，这样就能保护自己了。"

"忘了就忘了吧，也没什么大不了的，俗话说'眼不见心不烦'！"张梓茗顺口说道。

"当达尔文完成《物种起源》时，马上就遭到了各方的攻击，这时他平时用来记录反对意见的笔记本就派上用场了。由于他之前已经仔细考虑过笔记本中所提到的绝大部分说法，因此对于各方的反对，他都已经做好了充分的准备。如果达尔文像你一样，听到自己爱听的就记下来，听到不爱听的就左耳朵进右耳朵出，那《物种起源》问世时他该如何应对那么多反对他的人？可以说，如果不是那个笔记本，《物种起源》这本书可能当时就被人们当成废纸烧了！张梓茗，我知道你平时在班里的学习成绩不错，但如果你只喜欢听好听的，就不利于你的成长。现实生活中，这样的例子有很多。"

**彭新武老师评注**

《物种起源》是达尔文论述生物进化的重要著作。该书恐怕是19世纪最具争议的著作之一，其中的观点大多数为当今的科学界普遍接受。

在该书中，达尔文首次提出了进化论的观点。他借助自己在环球科学考察中积累的资料，试图证明物种的进化是通过自然选择（天择）和人工选择（人择）的方式实现的。

奥卡姆话音刚落，陈思颖便说道："没错。我听说过一个故事，是关于之前给我们上过课的派顿老师的。曾经在迪士尼乐园工作过的乔治先生是迪士尼乐园的设计师，派顿当时想在得克萨斯州的明湖建一座主题公园。于是，派顿聘请了乔治先生。派顿想将主题公园命名为'得克萨斯州的古代世界'。顾名思义，他要打造的是和古代遗迹一模一样的场景，比如著名的金字塔和巨石阵等，因为他希望游客能通过这些场景了解古代文明的知识。当时乔治告诉派顿，这个想法固然很好，但他建议里面打造的场景必须是尽人皆知的故事内容，也就是说，在人们看见了之后能立刻知道这个场景讲述的是什么故事，不需要讲解说明。也就是说，设施与展览必须和观众所知道的完全相符。这样就能满足观众自我膨胀的要求，而不是教导人应该做什么，不应该做什么。"

"那派顿怎么说？"

"当然是反对了！"

"那然后呢？"张梓茗接着问道。

"后来，乔治一再向派顿保证，说只要这么做了，就一定能让主题公园赚钱，并列出一大串数据来证明他的设想是正确的。他还要求派顿将公园内所有复杂的内容全部简化，拣选片面历史史料，甚至将错误的历史呈现给大众。说只有这样才能符合游客的思维习惯。乔治还向他保证，结果肯定和他预料的一样。"

"我要是派顿，我肯定不会听他的，我相信派顿也一定不会听他的，因为我总感觉他这么做有点儿误人子弟的意思。"

"不，结果正好相反，派顿不但听了他的建议，而且乔治的预言灵验了。最关键的是，乔治还帮派顿省下了足足 300 万美元！"

"什么？不会吧！"

这时，奥卡姆笑了笑说道："我相信这一切都是真的，因为人们无论是去逛主题公园还是在家里看电视，希望看到的都是响应自己的东西。比如说，你们现在总是说某部电影拍得假，某部电视剧拍得垃圾，你们之所以会这么说，就是因为你们觉得电视里拍的和你们亲身经历或是跟你们的观念不一样。就拿《西游记》来说吧，当你们第一次看到六小龄童扮演的孙悟空时，你们就下意识地认为孙悟空就应该是这样，并觉得这是艺术与美的结合。因此当你们看到张纪中版《西游记》时，你们就会认为吴樾扮演的孙悟空是从'魔兽世界'里出来的。"

**彭新武老师评注**

根深蒂固的情感需要，可能会阻碍对真理的认知。

"不仅如此，习惯也是造成我们片面拣选的因素之一。没错，我们在生活中都习惯性地按照自己的习惯做事，很多人也都喜欢墨守成规的事物，不喜欢变化。从婴儿时期一直到长大成人，大人总是教导我们要接受现在普遍的流行观念、国家的习俗、阶级的传统和主事者的意见。因此，当我们到了晚年回首自己的成长过程时会发现，自己的成长过程和其他人的差不多，因为大家全都拥有这个习惯。是的，'习惯'这两个字在我们心中就是这么根深蒂固，以至于我们平时很难用全新的方式来思考。举个例子，一群美国观光客到英国旅行，当他们看到英国的汽车全都靠左行驶时，便开始抱怨起来，觉得在英国过马路太危险了。"

"他们为什么要抱怨？"

# 习惯的坏处

多年的习惯对于人们来说有时候是好事，有时则是坏事。比如，突然去一个生活习惯和自己的国家不同的地区旅行时，如果不加小心就会出现危险。

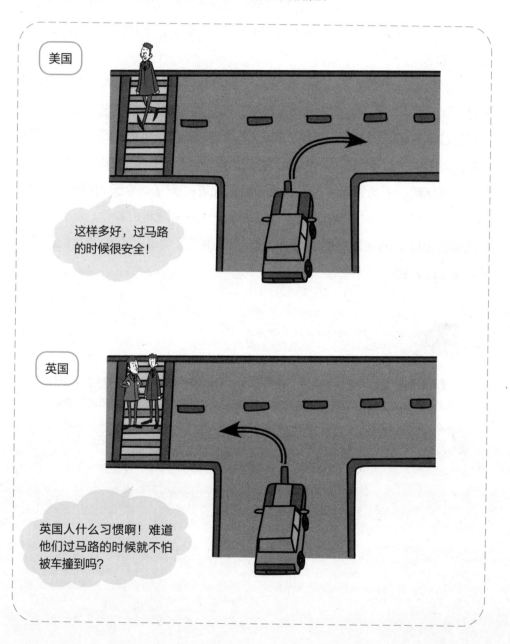

"呵呵，因为美国的汽车都是靠右行驶的，但英国跟美国相反，所以我们在过马路时就不能按照自己平常的习惯走了。无疑，这些人都只站在自己的角度看问题，所以他们也同样认为只有站在自己的角度才能找到真理。他们还希望维持原先的习惯，因为保持原先的习惯能让他们很舒适，所以他们根本就不想改变。"

这时，奥卡姆看了看自己的手表，他发现快下课了，于是他抓紧最后的时间做总结陈述。

"偏见不仅会伤害到受害人，还会伤害到那些原本有偏见的人。有偏见的人都是不理性的人，因为他们从来都是根据自己的主观臆断，却从来不去寻找证据来证明自己的观点。请同学们记住，信念的合理性来源于事实，而那些有偏见的人则是对事实'未审先判'，因而他们得出的结论永远都是未经证实的结论。"

正在这时，下课铃响了，奥卡姆微笑着说道："好了，今天的课就上到这，同学们再见！"当他转身要走时，发现张梓茗一直在死死地盯着他。这时奥卡姆突然想起来自己在刚上课时对他说的话，于是他笑了笑说："你的游戏机还是找你们班主任去要吧！"

 奥卡姆老师推荐的参考书

《逻辑学导论》 柯匹、科恩著。本书是导论性逻辑教科书中最完满的一部，既有演绎逻辑也有归纳逻辑，既有古典逻辑亦有现代逻辑。本书是当今逻辑教科书的标准范本，是清晰性与准确性的典范，清楚地阐释了如何理解、把握并应用古典三段论逻辑和更为强有力的现代符号逻辑技术。

# 布里丹老师主讲
# "集体思维"

真理不一定掌握在
多数人手里。

布里丹（Jean Buridan，1295—1358）

　　布里丹，法国哲学家。布里丹是巴黎大学教授，他反对当时在欧洲学者头脑中占统治地位的亚里士多德物理学理论中的重要部分。布里丹的出名之处在于，他证明了在两个相反而又完全平衡的推力下，要随意行动是不可能的。举例来说，既然驴无理由选择吃其中哪一捆草，那么它永远都无法做决定，最后只得饿死。

最近，刘咏洁的心情特别不好，她感到身心疲惫。

"真不知道老妈是怎么想的，现在我的学习压力已经够大的了，老妈还要在周末给我报那么多特长班！一周七天连轴转，连休息的时间都没有！真不知道她这'随大流儿'的毛病什么时候才能改掉！"刘咏洁一边想着，一边走进教室。上课铃响后，一个高个子的男老师走了进来。

## 真理不一定掌握在多数人手里

"大家好，我叫布里丹，法国哲学家，今天我给大家讲的是逻辑学中的集体思维。"

"集体思维？"张梓茗不解地问道，"您能先给我们解释一下这个词吗？"

"呵呵，估计这可能是你们目前听到的最容易理解的词汇了。'集体思维'，简单来说就是大家共同的想法。在生活中，社会影响力甚至是某个普通的群体所产生的影响力都会影响我们的判断、信念、实践。张梓茗，如果你的一帮好哥们儿让你跟着他们一起去打架，你会去吗？"

布里丹问完之后，张梓茗挠了挠头，他觉得这个问题不好回答。

"怎么，是不想说还是不好说？"

"嘿嘿，从理论上说，打架肯定是不对的，最起码不是最好的解决办法，因此从心理上来讲，我肯定不想去；不过，如果叫我去的是自己最好的哥们儿，那'不去'这两个字我还真有点儿说不出口。在这种关键的时候，要是大家都去就我不去，说好听点儿是怕失去朋友，说难听点儿是怕得罪他们。"

"那你到底是去还是不去？"

"我估计如果真有这种事儿，我可能会硬着头皮去，但我不会积极参与，尽量站在后边。这样两边都不得罪！"

"张梓茗同学，虽然你的回答是错误的，但我对你的答案还是很满意的。"

听到这话，张梓茗不解地问道："啊！别的老师都是回答对了满意，您怎么

# 随大流儿

在生活中有很多人通常都会因为碍于面子或者不好意思而不假思索地随大流儿，认为既然大家都这么做了，自己这么做也没什么大不了。这就会犯集体思维错误。有时候，真理掌握在少数人手中。

是回答错了满意啊？"

"呵呵，首先，不管出于什么原因，你都不应该去，因为他们不是叫你去做好事，而是叫你去干坏事。今天只是叫你去打架，可能只是三拳两脚，不会有什么大事，但如果他们明天叫你去跟着做更恶劣的事情呢？你也要出于所谓的'兄弟'情义而不推脱吗？要知道，真正的朋友或是兄弟是绝对不会让你去干这种事儿的！所以我说你的回答是错的。不过，我之所以会满意，是因为这种情况在生活当中很常见，大多数人遇到这种事情时都会做出跟你一样的选择。"

张清远说道："您说得对，换作是我，我也这么做。"

"所以说，和群体保持一致是我们通常的选择。不过，如果个人为了顺从群体的意思而违背了现实原则，远离真理走向错误，并纯粹以群体的想法来作为判断基础时，我们就把它称为'集体思维'现象。"

"没错！"布里丹的话让刘咏洁找到了知音，她按捺不住自己的心情，有些激动地说，"我觉得我妈妈也是这种人！"

"怎么？"

"我妈妈看见同事都给自己的孩子报了特长班，她也给我报了很多特长班。这些课程把周末的时间都占满了，我感觉好累！当我找我妈妈理论时，我妈妈就对我说：'大家现在都这样，所以咱们也得跟上形势，决不能输给其他人！'"

**彭新武老师评注**

逻辑学中的"集体思维"其实就是我们在生活中常说的"随大流儿"。选择"随大流儿"的人往往都有盲目的从众心理，自己在从众之前未必进行了仔细的分析。因此，这种思维在生活中是不可取的，因为它有可能会带你走向错误的深渊。

"同学们都看到了吧，生活中有'集体思维'意识的人实在是太多了！大家都主观地认为多数人做的一定是对的，从来不花时间去深入地研究思考。就好比刘咏洁的妈妈，尽管她是出于好心，但她这样'随大流儿'一定是正确的吗？不！中国有句古话，'闻道有先后，术业有专攻。'这么简单的道理大家怎么就忘了呢？那些门门知晓但门门稀松的人，哪个有出息了？这就是集体思维的

大家现在都这样，所以咱们也得跟上形势，决不能输给其他人！

真不知道老妈是怎么想的！现在我的学习压力已经够大的了，老妈还要在周末给我报各种特长班。一周七天连轴转，连休息的时间都没有！真不知道她为什么这么爱跟风！

我比你好不到哪儿去，我妈妈看见同事都给自己的孩子报了特长班，也给我报了很多特长班，把周末的时间都占满了，现在弄得我好累啊！

危害。社会心理学家发现，导致人们出现‘集体思维’的方式有很多种，成员们通常都是太早接受了错误的答案，再在群体内部互相传递，结果导致整个群体都以为自己其实是做出了正确的选择。在讨论时，即使群体成员发现错误也不会毫无顾忌地指出来，而是把这个决定权交给领导者，这样就算是出了事自己也不用负责。然而，历史给我们的教训是，这样的思维方式会给群体带来诸多不便或是产生不良影响。

"我记得法国社会学家勒庞在《乌合之众：大众心理研究》中写道：'群体不善推理，却急于行动。有时，在某种强烈感情影响下，成千上万孤立的个人也会获得一个心理群体的特征。在这种情况下，一个偶然事件就足以使他们闻风而动，聚集在一起，从而立刻获得群体行为特有的属性。'

"大家都在做的，不一定就是对的，这样的例子在历史上非常多，在此我就不一一列举了，我只是希望同学们在做每一个决定之前，都能好好思考一下，这件事值不值得你去花时间和精力去做。换句话说就是，你要思考所做出的决定是不是正确的、有意义的。至于你的决定到底有多正确，就要看你对事物的推理以及认识有多透彻了。要想将自己的生活以及未来掌握在自己手中，靠的并不是大众的意见、经验、智商，而是以证据来支持说明的推理。推理越让人信服，就说明它与结论之间的关系越紧密。支持结论的证据越多，就越能说明这个结论可能是正确的，同时还能反映出真理的现实处境。因此，当你无聊的时候，你是做一些更无聊的事情来打发时间，还是写一份计划书规划自己的人生，全在一念之间。"

张梓茗说道："老师，您说得可真详细啊。我突然间想到一个笑话。有一位石油大亨到天堂参加会议，一进会议室发现已经座无虚席，没有地方落座，于是他灵机一动，喊了一声'地狱里发现石油了'。这一喊不要紧，天堂里的石油大亨们都纷纷向地狱跑去，很快，天堂里只剩下后来的这位大亨了。他想，大家都跑了过去，莫非地狱里真的发现石油了？于是，他也急匆匆地向地狱跑去了。"

全班同学大笑。

"你们看，集体思维在某种程度上来看是有多么的滑稽，张梓茗的笑话讲得真好，但是我必须要补充一点，集体思维并不是一点儿都不可取，比如说大家在老师的号召下集体植树造林，在领导的号召下集体做义务劳动，这些都是有益于社会的，所以我们不能以偏概全地将集体思维全盘否定，一定要在摒弃它不可取之处的同时保留那些有意义的部分。"

# 地狱里真的发现石油了吗？

# 路径依赖与集体思维

"讲到集体思维，有一个知识点我们是不能落下的。同学们，你们知道火车两条铁轨间的距离是多少吗？"

"我知道，是 4.85 英尺（1435 毫米），我妈告诉我的，她在火车站上班。"陈思颖抑制不住激动的心情且非常笃定地回答了老师的提问。

"是的，没错，4.85 英尺，这是现代铁路国际通行的距离标准，可是同学们，你们知道这个标准是怎么得来的吗？"

大家面面相觑。

"哈哈，这次难倒你们了，这个标准是来源于两匹马的屁股之间的宽度，而我接下来要为大家讲的知识点，就是从两匹马屁股的距离得来的'路径依赖'，它可是构成集体思维的主要理论。"

"老师，我有点儿不明白，铁路是现代较为先进的交通工具，而马则是古老的只能够在赛场和草原上存在的落后的交通工具。两条铁轨间的距离，到底是怎么和两匹马的屁股扯上关系的呢？"张梓茗有点儿不解地问。

"关于这个问题，我们可以一点一点地往前推。首先，现代的铁路是由制造电车的人专门为电车发明设计的。而制造电车的人在最开始的时候，大多都懂得制造马车，所以铁轨之间的距离是由马车的轮子间距决定的。马车轮子的间距，则是由古罗马战车的宽度决定的，因为在古罗马时期，战车是由两匹马拉着的，所以也导致了人们以两匹马屁股的距离来确定现代火车铁轨之间的标准距离，这就是铁轨宽度与两匹马的屁股的关系。听起来是不是感觉很玄妙？"

"是有点儿。"张梓茗毫不掩饰自己的想法。

"不过，这个关系在今天这堂课上并不是重点，而且我已经讲得很清楚了。我想要说的重点是，两条铁轨之间的宽度并不一定非得是 4.85 英尺，之所以会一直保持着这个宽度，实际上是没有人去追根溯源。如果有人追根溯源，并提出一种更为合理的方案，那么今天的铁路也许就不是这个宽度。然而这却非常难，因为首先是路径依赖的存在，而且大家还需要注意是，这个宽度之所以会延续至今，是因为人们只是觉得可能会有比它更合理的方案，但并没有人提出这个宽度的不合理之处，因此，这个宽度至少是合理的。可以说，在集体思维范畴，如果是大众完全可以接受的，就没必要花时间将其否定和推翻。"

"老师，我还是有点儿不懂，究竟什么是路径依赖呢？"

"路径依赖就是由刚才我讲述的事实衍生出来的理论，具体是指，人类社会中的技术演进或制度变迁，均有类似于物理学中的惯性，即一旦进入某一路径（无论是'好'还是'坏'），就可能对这种路径产生依赖。一旦人们做了某种选择，就好比走上了一条归或不归之路，惯性的力量会使这一选择不断自我强化。"

"老师，我突然想到了一个实验。"刘咏洁有点儿按捺不住，想和大家分享她对路径依赖的理解。

"好的，你说。"

"我记得曾经有人做过一个实验。他将五只猴子关在一个笼子里，并在笼子中间吊上一串香蕉，只要有猴子伸手去拿香蕉，就用高压水枪教训笼子里的所有猴子，直到没有一只猴子再敢动手。然后换一只新猴子替换出笼子里的一只猴子，新来的猴子不知这里的'规矩'，也伸手去拿香蕉，结果触怒了原来笼子里的四只猴子，于是它们代替人来执行惩罚任务，把新来的猴子暴打一顿，直到它服从这里的'规矩'为止。实验人员如此不断地将最初经历过高压水惩戒的猴子换出来，最后笼子里的猴子全是新的，但没有一只猴子再敢去碰香蕉。"

"刘咏洁，你所讲的这个实验就是路径依赖的最好证明啊！同学们，你们想想看，起初，猴子怕受到'株连'，不允许新来的猴子去碰香蕉，这点还好理解，毕竟新来的猴子是和几只猴子关在一个笼子里，出于对群体利益的考虑，新猴子不应该去碰香蕉，其他老猴子也不应该允许新猴子去碰香蕉。然而，后来人和高压水枪都不再介入了，而新来的猴子却依然固守着'不许拿香蕉'的制度，这是不是就有问题了呢？"

"是啊，实验人员已经不拿高压水枪惩罚猴子了，猴子与猴子之间也不存在什么深仇大恨了……"张梓茗有些疑惑。

# 笼子中的猴子

所谓的规矩或习惯一旦被确立下来，猴子就很难主动做出改变。有时候，即使出现了更好的选择，猴子却因为路径依赖的存在，而维持现状。

将五只猴子放在一个笼子里，并在笼子中间吊上一串香蕉，一只猴子伸手去拿香蕉，管理人员用高压水枪教训笼子里的所有猴子。

一只新猴子替换出笼子里的一只猴子。

猴子怕受到"株连"，不允许新来的猴子去碰香蕉。

新来的猴子伸出上肢去拿香蕉，原来笼子里的四只猴子把新来的猴子暴打一顿。

笼子里没有一只猴子再敢去碰香蕉。

"老师，我明白了，因为所谓的规矩或习惯一旦被确立下来，猴子就很难去主动做出改变了。有时候，即使出现了更好的选择，可是猴子却因为路径依赖的存在而维持现状。尽管维持现状、故步自封是不对的，但至少对于猴子来说，是安全的、稳妥的。"陈思颖这次的表述显得深沉了许多。

"是的，没错，猴子如此，人亦如此。在生活中，大部分因习惯而出现的问题其实都可以用路径依赖来解释。比如，团体中的个别成员为了不得罪领导、同事，甚至是下级，或是担心自己的说法被大家嘲笑，因此即便是自己有想法有意见也不想说。有些人甚至觉得，自己说出来就是在浪费集体的时间，因为领导决定的事情是不可改变的，如果你强行让领导听你的，那不仅会让领导不满，而且一旦出了事情领导就会将所有的责任都推到你的头上。因此，尽管大家总是用'第一个吃螃蟹的人'来称赞勇于冒险的人，但却很少有人去做那个'第一个吃螃蟹的人'。"

下课铃响了，布里丹面带微笑地对同学们说道："好了，同学们今天的表现都很不错，我很享受在这里讲课的时光，再见！"

布里丹走后，刘咏洁坐在座位上想：今晚可以运用布里丹老师讲的知识和妈妈好好聊聊了！这样以后就不会这么累了！

 布里丹老师推荐的参考书

《乌合之众：大众心理研究》 古斯塔夫·勒庞著。该书是解析群体心理的经典名著，虽然是一部学术性著作，但语言生动流畅，分析鞭辟入里，入木三分。一经问世，便广受欢迎，已被译成十几种语言。

该书颠覆了人们通常对群体的认识，将群体的特点剖析得淋漓尽致，让人先是惊异，后是佩服。作者层层分析，逐步推进，明确指出个人一旦融入群体，他的个性便会被湮没，群体的思想便会占据绝对的统治地位，而与此同时，群体的行为也会表现出排斥异议，极端化、情绪化及低智商化等特点，进而对社会产生破坏性的影响。

# 罗素老师主讲
# "推理关系与模态逻辑"

> 水中捞月是不可能的，而海底捞针则是有可能的。

伯特兰·罗素（Bertrand Russell，1872—1970）

伯特兰·罗素，英国哲学家、数学家、逻辑学家，20世纪西方最著名、影响力最大的学者和和平主义社会活动家之一。剑桥大学三一学院毕业后留校任教。他与怀特海合著的《数学原理》试图建立逻辑主义数学体系，把整个数学归结为逻辑学。1950年，罗素获得诺贝尔文学奖，以表彰其"多样且重要的作品，持续不断地追求人道主义理想和思想自由"。

这几天，陈思颖一直闷闷不乐。张梦甜看出了她不开心，便问她是怎么了。

陈思颖低落地对张梦甜说道："我表姐的男朋友喜欢上别人了。"

"不会吧，他们俩的关系不是一直挺好的吗？"

"我那天在街口，突然看见我表姐的男朋友和另一个女生有说有笑的，而我回到家，听我妈说，我表姐最近一直闷闷不乐，好像是有心事，所以我猜测，一定是我表姐的男朋友把我表姐给甩了。所以，我是替我那可怜的表姐而难过。"

"我劝你最好还是问问，万一要是误会了呢？"

就在这时，上课铃响了。张梦甜来不及多说，回到了座位上，而陈思颖依然低垂着头。

## 关系的对称性和传递性

"大家好，我是罗素。"

班里的同学都惊讶了，他们不敢相信历史上大名鼎鼎的罗素竟然会跑到这里来给他们讲课。

眼尖的刘咏洁激动地说："真的**是罗素！我前几天看过关于他的报道。他是英国著名的哲学家、数学家、逻辑学家，伟大的罗素！**"

罗素谦虚地笑笑，班里的同学纷纷鼓掌。除了陈思颖之外……

观察敏锐的罗素发现泪眼婆娑的陈思颖望着窗外发呆，便问她怎么了。

张梦甜嘴快，三言两语地道出了原因。罗素听后，安慰道："陈思颖，你先

### 彭新武老师评注

在学术领域，罗素不仅是风靡20世纪的分析哲学的主要创始人，还是对数学逻辑的发展作出过重要贡献的逻辑学家。他在政治领域从事了大量活动，在国际舞台上有很大影响。作为一位逻辑学家，罗素甚至被看作自亚里士多德以来最伟大的逻辑学家。作为一位社会活动家和社会思想家，罗素数十年如一日地致力于教育、伦理、婚姻、社会改革、历史、政治的探讨，以及和平运动。在这些领域所做的一切，改变了人们对生活的态度。

坐下来专心听课吧，或许我今天讲的内容对你会有帮助。"

陈思颖点了点头，罗素便开始讲道："同学们，虽然在讲课之前我们因为陈思颖同学的事情耽误了一点儿时间，但未必是件坏事，因为我今天要给你们讲的就是'关系'。不过在这之前我先给你们出道题，我设定'罗密欧爱朱丽叶'，那么'朱丽叶不爱罗密欧'是不是一定为假呢？"

"那当然！"张梓茗马上回答道，"《罗密欧与朱丽叶》是世界著名的爱情故事，众所周知。他们俩真心相爱，所以朱丽叶怎么可能不爱罗密欧呢？"

"呵呵，不好意思，你答错了！"

"啊？"

"呵呵，不要急，你听我慢慢给你讲。要想回答这个问题，就必须先要懂得关系推理的知识，而要想讲关系推理，就必须先要说说关系判断。"

"什么是关系判断呢？"刘咏洁问道。

"所谓的'关系判断'就是指，判定对象之间具有或者不具有某种关系的判断。比如，我们生活中常用的'多于''等于''高于'；还有'相似''朋友''认识'等。另外，关系必须在两个事物对象之间才能产生。有的时候，一个判断因有'甲事物和乙事物是……'这样的叙述而不容易被判定出是不是关系判断。不过我在这里可以教给大家一个简单的方法，就是看看这个句子能不能分开。如果能，就是联言判断；如果不能，就是关系判断。"

这时，张梓茗有些无奈地说道："老师，您还是先给我们解释解释什么是'联言判断'吧，要不然后边的课我们都听不懂了。"

罗素说道："抱歉，我忘记了大家还是初学者。什么是'联言判断'？'联言判断'指的是断定几件事物、情况同时存在的判断。比如，'罗素是数学家和逻辑学家'，这个联言就断定了两种情况同时并存。分开说就是，第一，罗素是数学家；第二，罗素是逻辑学家。所以说，联言判断反映的是同一种事物的多种属性共存，或是多种事物的同一种属性共存，或是多种事物的多种情况并存。总之，联言判断反映的就是并存。"

"为了让你们更直接地体会两者之间的区别，我再给你们举个例子。比如

'李白和杜甫是唐代人'与'李白和杜甫是同时代人'这两句话。如果我们把这两句话分别拆开就会发现，前一句话可以拆成'李白是唐代人，并且杜甫是唐代人'；后一句话则变成了'李白是同时代人，并且杜甫是同时代人'。"

"这样就说不通了！"张梦甜说道。

"没错，这就是'联言推理'和'关系推理'之间的区别。'关系推理'就是以关系判断为前提或者是结论的推理。关系判断分为几种类型。一旦我们了解了关系判断几种类别的性质，就已经是在进行关系推理了。关系判断的性质其实是由关系的种类决定的，关系的种类又可分为对称性和传递性。"

"什么是对称性关系呢？"刘咏洁问道。

"很简单，比如'刘咏洁和张梦甜是同学'，所以，张梦甜和刘咏洁是同学。"

"原来就这么简单啊！"刘咏洁说道。

"没错，不过既然有对称的，就一定有非对称的。比如，张梓茗同学可能非常喜欢某个明星，甚至把人家当作自己的梦中情人，但人家并不喜欢他，甚至根本不认识他，所以这都是张梓茗同学的一厢情愿罢了。"

罗素话音刚落，张梓茗就被羞得满脸通红，同学们哈哈大笑。

"呵呵，其实不仅是喜欢或爱，仇恨也是一种典型的非对称关系。比如，同学们刚才笑话张梓茗，张梓茗有可能因为这句话而记恨笑得最欢的那位同学，但是那位同学却不一定记恨张梓茗。因此大家在进行对称关系推理时，要千万注意不要把对称关系和非对称关系混淆。如果一旦误用，就会带来困惑。就像我刚才问大家'朱丽叶不爱罗密欧'是不是一定为假一样，其实当时很多人和你们的想法都是一样的，如果朱丽叶不爱罗密欧，他们两个人怎么会有那么缠绵甚至是享誉世界的爱情呢？不过要注意的是，你们这样认为是因为你们把自己的知识背景带了进来。在没有任何知识背景的当下语境中，我们只知道'爱'是一种非对称关系。

"除了这两种关系之外，还有一种反对称关系。有一户人家，左边的邻居是木匠，右边的邻居是铁匠。这两户邻居每天都叮叮当当，于是这户人家便和这两家人说，如果他们能搬走自己现在就愿意请他们吃饭。这两个人马上答应了，而

# 搬家

有一户人家，左边邻居是木匠，右边邻居是铁匠。这两户邻居每天都叮叮当当，吵得这名男子无法正常休息。

他找到了这两人，笑脸相迎地对他们说："你们若能搬家，我就请你们俩吃大餐。"

木匠和铁匠为邻居关系，因此使"搬家"本身具有一定的模糊性。不论是搬到别处去，还是互相调换位置，都算是搬家，而他们恰巧就选择了后者。他们是利用这户人家将"分别不作邻居的反对称关系模糊为对称关系"。

这两个人马上就答应了，并在当天晚上就搬了家。

第二天早上起来，这名男子还是听到了叮叮当当的声音。他打开窗户一看，差点儿被气疯了，因为这两家只是互相换了一下位置。

且在当天晚上搬了家。可是第二天早上起来，这户人家还是听到了叮叮当当的声音。他打开窗户一看，差点儿被气疯了，因为这两家人只是互相换了一下位置。

"我们仔细研究就会发现，关键在于木匠和铁匠所具有的邻居关系，而这层关系就会给'搬家'本身带来一定的模糊性。因为不论是搬到别处去还是互相调换位置，都算是搬家，而他们恰巧就选择了后一种。因此，他们是利用这户人家将分别不作邻居的反对称关系模糊为对称关系。当然，除了这个例子之外，反对称关系在生活中也是很常见的，比如，大于、小于、父子这样的关系都是反对称关系。

"以上就是关系的对称性，接下来我再讲讲关系的传递性。同对称性一样，关系的传递性也分为传递关系和非传递关系。它们在生活当中同样很常见。比如，3大于2，而2大于1，那么3就一定大于1；或者是1小于2，而2小于3，那么1也就一定小于3。这就是传递关系在生活中非常常见而且易懂的例子。"

## 关系有对称性和传递性

尽管"关系"在逻辑学中只是一个概念或是术语，但无论是在逻辑学中还是在生活中都是非常复杂的。

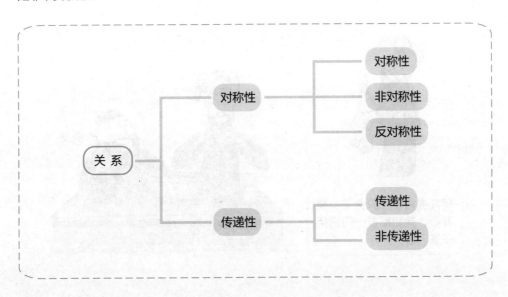

"那非传递关系呢？"

"其实也很简单。比如，张三和李四是同学，而李四和王五是同学，那你能说张三和王五就一定是同学吗？"

"这个当然不一定了，没准他们根本就不认识呢！"张梓茗说道。

"没错，其实你们发现没有，传递关系和非传递关系之间有一点儿相似的地方，它们都是多者之间的事情。因此我们千万不要将传递关系和非传递关系混淆。"

刘咏洁说道："我之前也听过一个故事，讲的大概就是这个意思！有一天，阿凡提打了一只兔子，这时正好有朋友来找他，于是两个人高高兴兴地将那只兔子煮了吃了。结果第二天又来了一个人，对阿凡提说，自己是他朋友的朋友，于是阿凡提将昨天晚上吃剩下的兔子杂碎熬成汤招待了来客。可是第三天又来了一个人，跟阿凡提说自己是他朋友的朋友的朋友，于是阿凡提直接将一锅水端出来。那个自称是朋友的朋友的朋友的人很奇怪地问这是什么，阿凡提说，你不是要吃兔子吗，这就是那只兔子的兔子的兔子。"

## 阿凡提智斗蹭饭者

**②**

朋友的朋友

一个自称是阿凡提朋友的朋友来他家看他，阿凡提很无奈地将兔杂碎煮了一锅汤。

**③**

朋友的朋友
的朋友

一个自称是阿凡提朋友的朋友的朋友来他家来看他。

阿凡提端了一锅水。

"这是那只兔子的兔子的兔子。"

"这是什么？"

"刘咏洁同学说得很好。关系推理是不是合乎逻辑，其实全都要看从前提到推导的过程是不是符合前提中关系判断的逻辑特性。因此在关系的逻辑特性中，我们要特别注意关系的对称性和传递性。"

## 什么是模态逻辑

"接下来，我们再来讲讲什么是'模态逻辑'。在生活当中，人们在刚开始认识客观事物的时候往往不可能一下子就对其十分了解，因此对这些客观事物的判定也不能立刻得出肯定或是否定的结论。比如，人们都知道'水中捞月'是不可能的，而'海底捞针'是有可能的，这些结论都是人们通过不断总结得来的。"

"这些断定事物情况的可能性或必然性的判断在逻辑学中就叫模态判断，而通过研究模态判断的逻辑特性以及其推理关系的逻辑学说就是模态逻辑。"

张梓茗挠着头说："老师，听起来好复杂啊！那一大串定义听起来有点儿像天书。"

"我举个例子吧。不过这次我不会再自问自答了，而是要听听你们的答案。"

同学们纷纷点头。

"甲、乙、丙三人准备去郊游，但是天气预报说今天有可能下雨，于是这三个人便争论起来。甲说：'天气预报只是说今天有可能下雨，所以今天也有可能不下雨，我们还是去郊游吧。'甲说完了之后，乙马上反驳道：'天气预报已经说了今天可能下雨，那就表明今天要下雨，咱们还是别去了吧。'这时，丙说道：'天气预报没说今天一定会下雨，只是说今天可能下雨，这就表明今天下雨不具备必然性。至于到底去不去郊游，还是由我们决定。'现在你们谁能告诉我这三个人谁说得对，谁说得不对？"

罗素话音刚落，张梓茗就回答道："我认为甲和丙的理解是正确的，乙的理解并不正确。"

"完全正确，你们要记住，'不可能'是对'可能'的否定，所以'不可能'

# 模态逻辑

模态逻辑就是人们对事物的一种仔细深入的判断。

天气预报：今天可能会下雨。

甲说：天气预报只是说有可能下雨，这就说明也有可能不下雨，咱们还是去玩吧。

乙说：天气预报都说了可能会有雨，那就证明要下雨，还是别去了。

丙说：天气预报说今天可能下雨，那就是说既有可能下雨又有可能不下雨，所以去不去玩由我们决定。

是对'可能'的负判断。比如，我刚才给你们说的海底捞针，虽然很困难，但这的确是可能的，只是可能性很小罢了。水中捞月则是不可能的，因为水里根本就没有月亮，只有月亮的倒影。

"再比如，有些人喜欢买彩票。对于所有买彩票的人来说，必然有人会中奖，但是对于某一个买彩票的人来说，中奖则只能是偶然的。也就是说，某个人买了彩票，他可能中奖，但也可能不中奖。而'某个人中了彩票'，则等同于'某个人不必然中这个彩票，也不必然不中这个彩票'。"

这时，刘咏洁笑着说道："可不是吗？只要我们明白了这个道理，就会怀着平常心去买彩票。否则，要是天天都想着为什么中奖的不是自己，岂不是会很郁闷？"

"同学们，刚才我讲的这些就是模态逻辑中的模态判断，现在我再来讲讲模态判断和性质判断之间的关系。"

"老师，什么是'性质判断'？"

"'性质判断'通常又被称为'实然判断'。在判断肯定或否定的情况下，由必然判断可以推出实然判断，由实然判断又可以推出可能判断。不过，反过来则不行，也就是说由可能判断不可以推出实然判断，由实然判断也不能推出必然判断。这也就是说，必然判断的断定最强，之后是实然判断，而可能判断的断定则最弱。"

罗素说完，同学们又满脸疑云。罗素继续说道："在现实的生活判断中，人们之所以从可能判断趋向于必然判断，主要是趋利避害的心理造成的。比如，人们在买彩票时，明明知道自己中几千万大奖的概率微乎其微，但是还是要买，而且坚持不懈地买。还有禽流感流行的时候，其实并不是所有在市场里卖的鸡都带有病菌。当你去买鸡的时候，你只能说这只鸡有可能带病菌，但也有可能不带病菌。虽然市场中真正带病菌的鸡几乎没有，但是人们为了安全起见，还是选择了不吃鸡。等这阵风过去之后，人们又开始吃鸡了。难道说这时候就有人能保证市场中绝对没有一只鸡是带病菌的了吗？没人能下这个保证，所以说很多时候都是人们的心态在捣鬼。学习逻辑学的作用，就是让我们用更理性的方法来对待生活中的各种事情。"

罗素说完最后一句话之后，一整节课都没有说话的陈思颖突然一惊，因为她觉得罗素老师最后一句话是刻意说给自己听的。她抬起头看了看罗素，罗素也冲她微微一笑。

就在这时，下课铃响了。罗素整理好教案之后，便对同学们说道："好了，今天的课就上到这里。如果你们对逻辑学或者是对我个人有兴趣，可以在没事的时候去图书馆看看我写的书。希望这节课能对大家有帮助。好了，同学们再见！"

罗素走后，陈思颖起身要往外走。

"你去哪儿啊？"张梦甜问道。

"去找我表姐聊聊，不要让我的不正常心态把可能判断'升级'成必然判断。"

这时，刘咏洁哈哈大笑说："你不用去了！"

"为什么？"

"前段时间你们为了准备期中考试，都忙忘了。我在今天上学的路上遇到那女孩，才知道她是你男朋友表亲家的孩子，刚转学过来的。"

"我真是差点儿错怪了他！"

"你真讨厌！"

 罗素老师推荐的参考书

《数学原理》 罗素著。本书对逻辑学、数学、集合论、语言学和分析哲学有着巨大影响。这部巨著使罗素赢得了学术上的崇高地位和荣誉。1949 年，罗素获得了英国的荣誉勋章。

# 克里普克老师主讲 "回避问题"

虚张声势的字词通常也是回避问题的表现。

索尔·阿伦·克里普克（Saul Aaron Kripke，1940—2022）

　　索尔·阿伦·克里普克，美国逻辑学家、哲学家。他曾任教于哈佛、哥伦比亚、康奈尔和洛克菲勒等大学，1977 年任普林斯顿大学哲学教授。他是模态逻辑语义学的创始人和因果－历史指称论的首倡者之一，认为名词的指称主要取决于与使用该名词有关的社会历史的传递链条。以此出发，他进一步阐述了有关专名和通名的理论，并由此构成了现代分析哲学的一个历史转折点。

这几天，张梓茗和张清远之间的关系非常紧张，他们的友情甚至到了破裂的边缘。事情起因是他们在上周末打球的时候遭到两个社会小混混的挑衅。当时张梓茗怒发冲冠，一心想给他们点儿颜色看看，但张清远却在张梓茗动手之前说了软话。结果，两人不欢而散。之后，张梓茗心里一直放不下这件事，他认为自己交友不慎，跟张清远这个胆小鬼结为兄弟。上课之前，张梓茗还小声骂了张清远一句"懦夫"，但是张清远没有理会他。

## 固定联想就是在回避问题

"大家好，我叫克里普克，是美国哲学家、逻辑学家，今天的逻辑课由我给大家上。"

尽管大家都全神贯注，但张梓茗的心思并不在这上，他的眼睛依然恶狠狠地盯着坐在他旁边的张清远。此时的张清远终于忍不住了，对张梓茗说了句："你总是盯着我干吗？"

张梓茗毫不示弱，回了句："你个懦夫！"

克里普克打断了他们，并严厉地质问张梓茗："你为什么平白无故说别人是懦夫？"

张梓茗马上回击说："见着厉害点儿就跪地求饶，这难道不是懦夫吗？"

"老师，我当时只是说了两句好话，没有跪地求饶！"

克里普克转过头来对张梓茗说："哦，那你的意思就是说非在人家面前逞能不可，然后被人家打得半死就不是懦夫了？回到家之后，跟你的父母说，你被街边的小混混打了，你父母就会夸你是好样的，是吗？"

"我……"

"你究竟是不是英雄咱们先放在一边不说，仅凭你随随便便地骂人家是懦夫，就是不对的。"

张梓茗刚要反驳，克里普克抢在他前面继续说道："人家是为了你好，你呢，不但不领人家的情，还当着全班同学的面夸大事实。你这分明就是思考错误，在逻辑学中这叫回避问题。没错，你彻彻底底地回避了人家想要保护你的这个事实！"

张梓茗还没弄明白这一切究竟是怎么回事，克里普克对张梓茗说："我劝你还是好好听课吧，听完了这节课你就什么都明白了。"

之后，克里普克将头转向大家并继续讲道："若是在缺乏证据的情况下接受隐含的假定，只会让我们离真理越来越远。像张梓茗同学这样，在严重缺乏证据的情况下理所当然地认为自己的观点是正确的或者是相信某件事为真，就是在回避问题。而且，回避问题通常会以情感语言的方式表达出来，比如说某人是'懦夫'。对这种隐含着的责难，除非你有足够的证据来证明你的评论是对的，否则你就有可能是在回避问题。"

克里普克的这段话让张梓茗心里很不舒服，因为他明显感觉到克里普克是在借着讲课来训斥自己。

克里普克没有理会他，继续讲道："事实上，西方国家的政治人物的陈述是最容易回避问题的，而竞选则是观察回避问题的最好时机。每一个选民在投票之前都喜欢在别人面前装出一副深思熟虑的样子，这样别人就会认为自己是经过理性思考之后才去投票的。那些竞选人为了在民众面前展示自己的能力，也会装出一副理性思考、顾全大局的样子，但他们心里其实很清楚，真正能拉动选票的是情感与偏见。为了让自己赢得大选，他们必须想尽一切办法让民众相信自己的政党是充满希望、和平、繁荣、进步的，而对方的政党则是落后、失败，甚至是好战的。然而，这些仅仅是他们自己的断言，而要想证明他们说的是正确的，就必须拿出充足的证据来，否则就是在回避问题。在政治上，不论是赞成的还是反对的固定联想对选民的影响都很大。"

"什么是固定联想？"

"呵呵，这很好解释。固定联想就是指当你看到某个事物或听到某件事时，你会下意识地联想到另一个特定的事物。比如，美国民众经常会听到这样的声音——'共和党里边的人都是有钱人''民主党的人都是好战的'之类的话。久

# 我要当有钱人

当一个错误的因果关系反复被强调时，人们往往会产生固定联想。由于因果关系是错误的，因此产生的固定联想也必然是错误的。

共和党里都是有钱的人，民主党里都是好战的人！

既然共和党里都是有钱的人，那不就等于说是共和党人就是有钱人吗？

我要参加共和党！

弄了半天，最终什么都没改变啊！

而久之，当你听到'共和党'这个词时你就会下意识地联想到'有钱人'这三个字，而当你听到'民主党'时你就会本能地联想到'好战'这两个字。这就是逻辑学中常说的固定联想。

"大脑学习事物的基本原则是联想。一旦两个对象在大脑中牢牢地结合在一起，那么当我们看到其中一个对象时就会自然而然地想到另外一个对象。这种机制注定了人类的伟大。因为从某种意义上说，正是这种机制创造了音乐、美术、文艺、科学，创造了人类丰富多彩的文明。

"不过，如果是情感联想造成了错误，人们的思考往往就会偏离常轨。在这里我可以给你们举一个例子。你们有谁知道维珍妮细烟广告？"

陈思颖回答道："这个我知道，那是一种专门为女性设计的很细的香烟。"

"没错，维珍妮不但是一个香烟的品牌，还是一个女性的名字。由于维珍妮这个名字经常会被人们和年轻美女的形象联系在一起，因此当我们看见广告牌中的女子时就自然会产生这样的联想：广告牌中的女子就是维珍妮。而这，正是广告商们所希望的。你们还要注意'细'这个字，在广告商眼中，这个字在广告词当中至关重要，甚至可以说是画龙点睛之笔。因为这个字很准确地描述出了这款香烟的特点——细。但是在生活中，我们同样可以说女性的腰围很细。

"在同一个脉络中使用两种具有不同意义的字词或者是措辞，却不做任何区分，这种做法在逻辑学中被称为模棱两可。使用模棱两可字词的人本身就知道自己在使用模棱两可，那他的这种行为就是欺骗。如果他不知道，那就证明他完全不知道自己在说什么。

"当维珍妮细烟首次上市时，它广告呈现的双层意义，连美国贸易委员会的人都感到头疼。不过，烟草公司的人让这些委员们相信，香烟的名称完全符合广告中陈述的事实，维珍妮香烟的确比其他香烟细。不过我们看了这个广告之后所产生的自然联想并没有因此而减少。"

"您当时在看到这个广告时是怎么想的呢？"

"我当时想到的是，维珍妮细烟可以让广告画面中的女子的身材变得更加纤细。呵呵，其实这名女子就已经够瘦的了。推广下来，就是抽这种烟可以让女子的身材变得更加纤细。"

"这种说法我倒是第一次听说——吸烟还能减肥！"刘咏洁笑着说道。

"不仅是你，相信绝大多数人之前都没听说过。不过这不是重点，重点还是在于固定联想，也就是说广告商希望我们在看到维珍妮香烟时能联想到这些事物——年轻和端庄的体态。不过，我们不能因此得出'吸烟能减肥'的结论，因为这还缺乏充分的证据，而且这样的主张也从来没有得到过证实，它是非理性的、错误的，而且还在回避问题。"

## 套套逻辑也是在回避问题

"接下来我要给大家讲一个全新的概念——套套逻辑。"

"这个词听起来倒还挺有意思！"张梦甜笑着说，"您能给我们解释一下这个有趣的词吗？"

"所谓的'套套逻辑'就是指非常一般化，而且在任何情况下都不可能是错误的理论。它之所以不可能错，是因为它完全没有实质上的内容。"

刘咏洁说道："您还是给我们举几个具体的例子，我们才能真正明白。"

"比如，'四足动物有四只脚'。"

克里普克话音刚落，张梓茗就大声说道："这句话听起来毫无意义啊！"

"没错，后半句重复了前半句的意思。不过，这样的观点或陈述怎么可能是错的呢？再比如，'我们的尿液是黄的，因为尿液中含有尿色素，而尿色素是黄的。'这显然也是绝对正确的陈述，因为后半句都说尿液中含有黄色的尿色素，那尿液肯定是黄的啊！这就跟前半句说得一样了！诸如此类的循环证明实际上就是套套逻辑，因此实际上什么都证明

**彭新武老师评注**

套套逻辑广泛至极，不可能错，但如此一来，其内容就变得空洞、无边际。套套逻辑的解释能力，还不及特殊理论。

不了。

"下面我再给大家讲个故事，故事讲完之后我让你们来分析，看看你们是不是真的掌握了'套套逻辑'这个概念。大家都看过《爱丽丝梦游仙境》吗？"

"当然！这可是世界著名的童话故事呢！"

"那好，既然这样，我想你们一定能回忆起爱丽丝与柴郡猫在一起的快乐场景。

"柴郡猫挥舞着右脚掌说：'那个方向住着一个疯帽匠，而在那个方向则住着三月兔。你想拜访哪一家都行，因为他们都是疯子。'

"爱丽丝说：'可我不想跟疯子在一起。'

"'哦！但这可由不得你了，这里的人全都是疯子。所以我是疯子，你也是疯子。'柴郡猫说。

"爱丽丝说：'你怎么知道我是疯子？'

"'我当然知道了，否则你怎么能来这里呢？'

"爱丽丝认为他是在强词夺理，于是便问道：'那你怎么知道自己疯了？'

"故事先讲到这里，现在我问你们，爱丽丝的看法对吗？"

同学们互相看看，谁都说不上来。

刘咏洁说道："我觉得爱丽丝想得没错，柴郡猫的确是在强词夺理，因为爱丽丝接着问了它'你怎么知道自己疯了'。很明显，爱丽丝明白要想证明柴郡猫说的是假的，只需要在那儿找到一个没疯的人就可以了。这其实是很妙的一句话，因为她通过这句话有效地将论证转移到柴郡猫自己身上，她希望能有证据证明柴郡猫是个疯子。爱丽丝知道，只要柴郡猫给出的证据不相关或是不恰当，那柴郡猫的陈述就无法得到证实。"

"刘咏洁同学，你回答得很好，下面我接着讲故事。

"柴郡猫说：'首先，狗没疯，这点你同意吗？'

"'我同意。'爱丽丝说。

"'好，你看，狗在生气的时候会咆哮，在高兴的时候则会摇尾巴，但我却截然相反，我是生气的时候摇尾巴，高兴的时候咆哮，所以我是疯子。'"

还没等克里普克提出问题，刘咏洁就说道："老师，我觉得柴郡猫这次的推理问题就更多了！"

"请详细说说！"此时，克里普克的心里非常高兴，因为他发现刘咏洁似乎已经完全领悟了自己所讲的内容，所以他迫不及待地想考考这个学生，看看她是不是真的理解了。

"柴郡猫对爱丽丝说，狗是生气时咆哮，高兴时摇尾巴，而自己跟狗完全相反，但狗没疯，所以自己就是疯子。然而问题的关键在于，它是猫，并不是狗！因此正常的狗所做的事情对于猫来说不一定是正常的，反过来也是这个道理。尽管我并不否认猫和狗之间可能会有一些共同的特征，但其他特征并不完全相同，因为它们毕竟是两种不同的动物。"

克里普克高兴地说："其实，爱丽丝也在质疑柴郡猫'咆哮'的定义。"

"'我觉得你那是呼噜声，而不是咆哮声。'爱丽丝说。"

"柴郡猫说：'随便你怎么说，你今天要跟女王打棒球吗？'"

"柴郡猫突然转移了话题！"刘咏洁说道。

"没错，柴郡猫转移了焦点，其实这是一种非常常见的诡计，目的就是为了让你偏离主题。解决的方式其实很简单，那就是当对方试图转移焦点时，你毫不犹豫地把话题拉回来就行了，这样你才有可能赢得辩论。"

## 虚张声势的字词通常也是回避问题的表现

"如果你们在生活中留心观察就会发现，回避问题的人往往会用虚张声势的词语来开头，比如'再明显不过''不可否认''再简单不过''理所当然''连小学生都知道'等。事实上，除非我们陈述的是事实，否则是不可能做到清晰地思考的。尤其是当你身边有人告诉你该干什么、该说什么、该要什么，或者是告诉你大家都怎样的时候，我们便可以合理怀疑或认定对方在回避问题。

"诱导性的问题通常也是用来回避问题的，而且凡是企图诱导出特定答案这种情况在生活中也非常常见。一个人在生活中越爱虚张声势，就越证明他心里空虚，越想回避某些自己不愿意面对的问题。

的问题，都是在回避问题。比如：'这种说法难道有错吗？''你难道不同意吗？''你不觉得这是完全可能发生的吗？''难道你觉得我这么想、这么做是不合理的吗？'其实，对方这么问你，目的就是为了让你给出他想要的答案。

"比如你的女朋友跟你说：'咱们出去玩的时候，你可以给我买一个冰激凌吗？'她是在要求你给她买一个冰激凌，但大家想想她回避了什么问题？其实问题有两个，一个是男朋友会不会给她买，另一个问题则已经被她回避掉了，那就是男朋友会不会跟她出去玩。因为她在说这句话的时候已经假定了男朋友一定会跟她出去玩，但她根本就不知道对方到底想不想去。所以在决定要不要买冰激凌之前，应该先讨论要不要出去玩，这才是最重要的。"

"再比如，父亲问正在上高三的孩子：'大家都在忙着填志愿，考大学，你打算上哪所大学啊？'同学们，你们觉得这位父亲的问话，是在逃避问题吗？"

"我觉得是，但我不确定，他逃避的是什么问题？"

"嗯，很好，这位父亲是在逃避问题，因为他很武断地假定他的孩子想上大学，需要填志愿，但实际上，他的孩子很有可能有别的想法。如加入海军，实现自己的军人梦想；学开车，让自己看起来很酷……总之，不想考大学。

"不是吗？另外，我们还可以接着拿《爱丽丝梦游仙境》中的内容举例。爱丽丝跟着姐姐来到河岸旁并坐了下来，她觉得自己无事可做，于是没过多久就觉得烦了。这时，她姐姐正在看书，她偷偷瞄了几眼，可是上面既没有插图也没有对话。

"'这本书究竟有什么用？'爱丽丝不停地想着。"

"我听出来了！"令所有同学都没想到的是，说出这句话的竟然是一直一言不发的张梓茗。张梓茗说道："其实爱丽丝已经通过问问题的形式在自己的心里回答了这个问题，所以她并不需要将问题明确地陈述出来。不过，如果她想这么

## 打算上哪所大学？

做，那她就应该说，'没有对话和插图的书一点儿用处都没有。'"

张梓茗话音刚落，克里普克就高兴地说道："看来你还是认同了我在刚上课时对你说的那些话，否则你是不会认真听我的课的，而且你刚刚回答得也很好。在法庭上，这种问题是根本不允许提的，因为它已经把答案都设定好了，或者是带有某种暗示，让人们倾向于回答某种答案。因此，如果你在法庭上对这种问题，那么对方的律师一定会对这种'诱导性'问题来提出异议。"

"您还是再给我们举个例子吧。"

"好。不过已经快下课了，我简单点儿说好了。比如，你问对方：'当前车灯坏掉的时候你在哪里？'这个时候，不论对方说自己在哪里，哪怕就是在太空，也等于承认了他看到了前车灯坏掉了。这其实就是一个诱导性问题。对方的律师就会针对这个问题反问你：'如果你假定的事实并不是真正的事实呢？或者说并不能作为证据呢？你怎么知道前车灯坏掉这件事是事实呢？'所以，你应该问对方有没有看到坏掉的前车灯！"

这时，下课铃响了。克里普克对同学们说道："今天的课就上到这，我相信这节课收获最大的应该是张梓茗同学吧。总之该讲的我已经都讲了，至于你想怎么处理这件事我就管不着了。好了，我走了！"

克里普克刚刚离开，张梓茗就跑到张清远的位子前，低着头说道："这几天都是我不好，其实我也知道你当时是为我好。可是就像今天克里普克老师所讲的，我刻意回避了这个问题，因为我的好胜心太强了。总之，我收回之前所有的话，并请你原谅我！"

张清远站了起来，拍了拍张梓茗的肩膀，笑着说道："嗨，咱们之间还用得着说这个吗？太见外了！"

 克里普克老师推荐的参考书

《命名与必然性》 克里普克著。本书是克里普克的代表作。该书对弗雷格、罗素和维特根斯坦等人的专名和摹状词理论提出了不同的见解，在分析哲学的发展上产生了重大影响。

# 培根老师主讲
# "同一律和矛盾律"

是什么就是什么。

弗兰西斯·培根（Francis Bacon, 1561—1626）

弗兰西斯·培根，英国哲学家，英国唯物主义和现代实验科学的始祖。他不但在哲学上多有建树，在自然科学领域里，也取得了重大成就。培根是一位经历了诸多磨难的贵族子弟，复杂多变的生活经历丰富了他的阅历。他的思想成熟，言论深邃，富含哲理。他的整个世界观是现世的而不是宗教的；他是一位理性主义者而不是迷信的崇拜者；是一位经验论者而不是诡辩学者；在政治上，他是一位现实主义者而不是理论家。

这天下午，陈思颖又开始头疼了，因为明天上午又要考她最怕的数学了，而直到现在，她连一个数学定律都没记住。

"为什么数学里有这么多的定律？为什么它和其他的学科那么不一样？为什么它就不能像逻辑学那样贴近生活，实实在在？"

正当陈思颖苦恼的时候，上课铃响了。为了明天的考试，陈思颖打算在逻辑课上复习数学。

## 是什么就是什么

"大家好，我叫培根，是英国的哲学家，在自然科学领域中也做过一些研究。今天的逻辑课由我来给大家讲。"

就当他要切入正题时，他突然发现坐在下面的陈思颖一直低着头。于是他大声说道："陈思颖同学，请收起与本堂课无关的东西，专心听讲。"

正在全神贯注看数学书的陈思颖完全没有听到培根的话。于是，培根走到她面前，敲了敲的桌子。

陈思颖吓了一跳。"老师，我……"陈思颖有点儿语无伦次地说，"明天就要数学考试了，我的数学一直都不好，所以我想抓紧这点儿时间……"

"抓紧这点儿时间复习对吗？"

"嗯。老师，我也知道我这么做不对，但是数学定律实在太多了，而且好难记。不像逻辑学，在讲故事的同时就把知识讲明白了。"

"怎么，你以为逻辑学中就没有定律或规律了吗？"

"至少我到现在为止没听哪个老师说过。"

"那好，我今天就给你说一说逻辑学中的基本规律！请你好好听讲。"

培根重新回到讲台上，开始讲课："在我们的生活当中，任何客观事物都是在不断变化的。在一定的时间和空间内，客观事物又具有相对的质的稳定性。它体现了规律的客观性和必然性，不是以人们的意志为转移的。也就是说，不管你是否愿意，在你进行思考的过程中，它总是会起到规范作用，为人们的正确认识提供可能性。所以说，逻辑学中的基本规律就是客观事物的质的稳定性在人们头脑中的反映，是人们运用概念、做出判断、进行推理和论证时必须遵守的最起码的思维准则。它包括同一律、矛盾律、排中律和充足理由律。今天我要给你们讲的就是前两个——同一律和矛盾律。后两个规律，则由其他老师给你们讲。"

培根刚讲完，坐在下面的张梓茗就不解地问道："老师，您刚才说您今天给我们讲的是逻辑学的基本规律对吧？那既然是基本规律，就应该放在最开始讲啊，为什么您到今天才来啊？"

"哦，因为正如我刚才所说，逻辑学中的基本规律就是客观事物的质的稳定

## 逻辑学中的基本规律

| 基本规律的构成 | |
| --- | --- |
| 同一律 | 同一律是形式逻辑的基本规律之一，即在同一思维过程中，必须在同一意义上使用概念和判断，不能混淆不相同的概念和判断。 |
| 矛盾律 | 矛盾律又称不矛盾律。通常被表述为A不是非A，或A不能既是B又不是B。要求在同一思维过程中，对同一对象不能同时做出两个矛盾的判断，即不能既肯定它，又否定它。 |
| 排中律 | 排中律通常被表述为A是B或不是B。传统逻辑首先把排中律当作事物的规律，意为任一事物在同一时间里具有某属性或不具有某属性，而没有其他可能。排中律同时也是思维的规律，即一个命题是真的或不是真的，此外没有其他可能。 |
| 充足理由律 | 充足理由律是指，任何判断必须有（充足）理由。它包含两方面的意思，首先，一切事物都有一个成因，这个成因决定了这个事物为什么会存在，为什么它是真实的，为什么它是这个样子而不是另外的样子。人们认识了这个成因，也就认识了这个事物，也就可以改变这个事物。其次，事物的感性存在、直观存在并不重要，只有事物背后的成因才是最为重要的、最真实的。 |

性在人们头脑中的反应，是人们现在运用概念、做出判断、进行推理和论证时必须遵守的最起码的思维准则。如果你们连最基本的概念、推理、判断、论证是什么都不知道，那我如何给你们讲基本规律呢？基本规律的确是基础，但是对于你们这些初学者来说，只能先给你们讲基本概念，然后再讲基本规律。"

同学们纷纷点头。培根接着讲道："就像我刚才所说的，既然任何客观事物在一定的时间和空间内总是具有质的稳定性，那么反映在思维认识中，在同一个推理、论证过程中，每一个判断或概念都必须要保持自身同一。也就是'说什么就是什么'，这就是同一律的基本内容。这个内容既体现在概念上，也体现在判断上。"

"我们先来说说如何体现在概念上。就像你们之前所学的，概念有内涵和外延，而同一律体现在概念上就是在同一个推理、论证的过程中，任何一个概念都有其确定的内涵和外延。

"关于这点，我可以举一个例子，而且这个例子你们一定喜欢。随着中国的对外交往不断扩大，不同语言之间的准确翻译就涉及如何才能正确理解一个概念的问题。有人告诉我，2005年9月，一名美国政府官员提出了一个关于中美关系的新概念——Stakeholder。这个词刚一出现，中国就出现了很多对这个词的不同翻译，比如，'股东''共同经营者''利害关系人'等。"

这时，刘咏洁说道："没错，而且这个词是一个正面意义的词汇。不过不仅在中国是这样，就算是在美国，这个词也有很多不同的含义。其中的一个意思是'双方共同投资经营一个企业，共同管理企业，对企业的好坏共同负责，共同承担风险或获取利益'。"

"真没想到你这个只有18岁的学生竟然能将这个词解释得这么好。刘咏洁同学说得没错。不过，2005年11月9日，美国《环球时报》对这个词的意义多加了一句话：'如果这个概念用在中美关系中，就需要考虑克林顿政府时期的"战略伙伴关系"和布什政府前期的"战略竞争者"。'因此有不少的学者将这个概念翻译成'利益攸关者'，因为他们认为这样更能反映中美发展关系的正面意义。

"下面我们再来说说在判断方面的体现。同样如你们之前所学到的，任何一个判断都有其确定的判定内容。同一律体现在判断上就是在同一推理、论证的过程中，它肯定什么就肯定什么，它否定什么就否定什么。

"我知道，进入 21 世纪之后，电脑、网络已经是很普及了，就连邮件都是通过电子信箱来收发，这已经成了你们快速沟通的一种手段。而如何通过电子邮箱来进行有效的沟通交际，也是一个如何表达明确的确定性的问题。有人跟我说，很多人在发电子邮件时，尤其是第一次给对方发电子邮件时，由于主题栏往往是写什么都可以，因此在那上面便有了诸如'看附件''你好''无'等文字。"

"对啊，我们的意思就是，只要让那个栏不空着就行了。"张梓茗回答道。

"不过在我看来，这些根本就是莫名其妙的词语。其实主题栏上所写的应该是一个判断句式的提示，这个提示的作用就是明确告诉收件者，发这封电子邮件的人是'谁'，还有'为什么要发这封电子邮件'。这样收件者才能在判断明确的前提下和你有进一步的沟通。如果是我在主题栏上看到莫名其妙的文字，让我猜不出所附的是关于什么的邮件，我就会立刻把这些邮件认定为垃圾邮件，更不会与发件人有进一步的沟通互动了。

"**在现代生活当中，正是因为有了同一律的逻辑要求，很多东西才会鲜明地体现在标准意识上，才会有'一流的公司卖标准，二流的公司卖技术，三流的公司卖产品'的说法。甚至就连一张高低床出现了问题，都会有律师去呼吁要尽快出台相关标准。**

**彭新武老师评注**

思维规律的逻辑要求，人们既可以遵守它，又可以违反它，但是违反的结果就是逻辑错误。

"好，下面我们再来说说同一律的作用以及起作用的条件。中国有一位叫辛弃疾的词人，他有首词是这么写的：'少年不识愁滋味，爱上层楼。爱上层楼，为赋新词强说愁。而今识尽愁滋味，欲说还休。欲说还休，却道天凉好个秋。'那么他到底知不知道'愁'呢？

"其实，同一律的作用是保证在同一理论过程中的概念、判断的自身同一，

## 愁

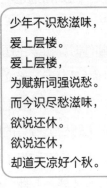

少年不识愁滋味，
爱上层楼。
爱上层楼，
为赋新词强说愁。
而今识尽愁滋味，
欲说还休。
欲说还休，
却道天凉好个秋。

辛弃疾

两个"愁"字有各自的确定性。上一句的"愁"的是"闲愁"，而下一句的"愁"是指怀才不遇的"哀愁"。

以保证推理论证的确定性。不过，同一律只是对客观事物在确定的时空下的质的稳定性的一种反映，并不是支配外部客观世界的客观规律，所以它只是在思维领域内部起作用。世界上一个永恒不变的法则就是所有的东西都在变，所以同一律只要求在同一个推理论证的过程中，在同一时间、同一关系下，对同一个对象应该保持概念、判断的同一。如果脱离了这些条件，那同一律就不起作用了。所以说，同一律并不是绝对的、无条件的，而是相对的、有条件的。因此，上述中的'愁'也会随着事物的变化和时间的转移而产生不一样的判断。上一句的'愁'指的是'闲愁'，而下一句的'愁'才是真正怀才不遇的'哀愁'，所以它们各有各的确定性。"

# 不能是什么又不是什么

"好，讲完了同一律我们现在再来讲讲矛盾律。矛盾律就是指，在同一个推理论证过程中，互相否定的判断不可能全都是真的，其中一个必定是假的。不能是什么又不是什么，这就是矛盾律的基本内容。"

"老师，我听得有点儿糊涂了，您可否给我们举一些具体的例子？"

"没问题。比如，在古希腊一个叫克里特的地方，有个名叫伊壁孟德的人。他是个传奇式的人物，据说他曾一觉睡了 57 年。有一天，伊壁孟德说：'所有的克里特人都是撒谎者。'从此，判断这句话的真假，难倒了许许多多的人。同学们，假定撒谎者总是说假话，不撒谎者总是说真话，你们也一起试着判断一下伊壁孟德的话的真假，想想他的话有没有问题吧。"

"既然伊壁孟德是一个克里特人，所以我断定他所说的话不可能是真的。可如果伊壁孟德这句话是假话，那么克里特人就不是撒谎者，而是讲真话的，因为他是克里特人，他说的话必然是真话，所以这句话不可能是假话。"陈思颖一口气将自己的想法和盘托出。不过，她总觉得哪里有点儿不对。

"可是，如果换个角度看看呢？假定伊壁孟德说的是真话，那么克里特人都是撒谎者，可是伊壁孟德正是一个克里特人呀，他说的话必然是假话。"张梓茗提出了反对的意见。

"我觉得张梓茗和陈思颖的话都有道理，可是话说回来，伊壁孟德的这句话怎么可能既是谎话，又是真话呢？"刘咏洁不解地问。

"是的，这就是逻辑学上经常探讨的矛盾律，直到现在，关于伊壁孟德的这句话都还没有定论，我记得 1947 年，当人们制造出第一台能够解决逻辑问题的计算机的时候，就有人把类似的问题抛给了计算机，可是最后……"培根老师显然是想卖个关子。

"最后怎样，最后怎样？"同学们争先恐后地想知道答案。

"我已经说过了，至今无定论。人们在计算机上输入'这句话是错的'之后，可怜的计算机发了疯，它不停地、反复地做着判断，不断地打出对、错、对、错的结果，陷入了无休止的困境。如果没人关掉开关，硬性阻止它，它就会一直折腾到耗尽自己的'寿命'，才能解脱。当给计算机输入'你必须拒绝我现在给你编的语句，因为我编的所有语句都是错误的'的时候，它也会有同样疯狂的举动……"

"这是为什么啊？计算机都无法判定啊！"

"是啊，这就是矛盾律的可怕之处，陈思颖同学，你能回答'先有鸡，还是先有蛋'这个问题吗？只要你试图回答，就会陷入无穷的倒退之中。不信你可以试一试。"

"我不要试，我会疯，我一定会疯。"陈思颖摇头否定的姿态令全班同学爆笑不止。

"因为你怎么说都要后退一步：先有鸡吗？不对，鸡应该是从鸡蛋里孵出来的；那么先有鸡蛋吗？不对，鸡蛋必须由鸡生下来……一直重复下去，没有尽头。那台计算机遇到的难题，和人们解答这个问题时碰到的困难是一样的。而且在艺术、文学、数学和逻辑等诸多方面，也可以找到许许多多无穷倒退的例子。在此我就不一一举例了，至少通过上面的举例，我们可以得到一些启示，那就是：客观事物在已经确定的时空条件下，其确定的属性不可能在存在的同时又不存在，作为思维反应的互相否定判断也就不能同时成立。正是基于这点，矛盾律才是同一律的进一步展开和反面论证，也就是说，仍然是对客观事物在一定时空条件下的质的确定性的反映，只不过是从反面的反映，体现了同一律保持思想确定性的要求。"

## 自相矛盾在生活中非常常见

"在生活中，每个人都会犯思想矛盾这样的错误，而矛盾的意识与能力最鲜明地表现了一种批判性的思维能力。比如 2007 年在中国发生的'周老虎'事件。"

## 先有鸡还是先有蛋？

　　客观事物在已经确定的时空条件下，其确定的属性不可能在存在的同时又不存在，作为思维反应的互相否定判断也就不能同时成立。

"这件事我知道，当时吵得沸沸扬扬的。在位于陕西省南部镇坪县的巴山腹地，一位周姓村民，用数码相机和胶片相机拍下了被称为中国虎的中国独有虎种——野生华南虎的照片，试图证明野生华南虎在中国没有灭绝，而且当地极可能存有一个野生华南虎的繁殖小种群。"张梓茗抑制不住兴奋的心情主动站了起来。

"哈哈，是的，第二天，网上论坛就出现了质疑照片真伪的帖子。"刘咏洁也不甘于人后。

"最开始发现疑点的是一名从事植物研究二十余年的权威植物学家，他虽不能判断照片中的华南虎是真是假，但他认识照片上植物的叶子，以他掌握的知识来说，那种植物的叶子不可能那么大。除非这是一个全新的物种，可要真是如此，那它带来的意义也就不亚于照片中的那只老虎了。"显然，陈思颖也知道这件事情。

"即便是网友、专家、法律界人士等方面质疑声一片，但是当事人仍旧坚称自己没有骗人，他说自己于 2009 年 9 月上山再次看到老虎，可惜准备好的相机没电了。"培根道。

**彭新武老师评注**

　　华南虎作为唯一原产中国的老虎品种，过去主要生活在中国的中南部广东、湖南、江西、广西等省区。20世纪50年代初期，中国大约还有4000只华南虎。如今，只有散布在全国十几家城市动物园中的不足70只，野生华南虎已基本绝迹，被列为国家一级保护动物。

"怎么可能呢，那照片那么假，一看就是合成处理过的，我们家墙上还贴过跟那只老虎一模一样的年画呢！而且，华南虎都快灭绝了，还能被他恰巧看见过好几回？"张梓茗有点儿愤愤不平。

"质疑归质疑，这是人之常情。因为毕竟每个人都具有批判性思维。从这件事情上就可看出，群众的眼睛还是雪亮的嘛！首先，华南虎几乎绝迹，能够发现并保证华南虎能乖乖地站在原地任人拍照，就是一个奇迹。当然，这是矛盾的。其次，那位植物学家说得没错，从叶子的形状及科属可判定，也不是陕西，或者是华南虎生长环境里有的啊。这就好

## 错语的说法

图中所述的就是一种自我矛盾的说法，尽管人们在平时生活中不太注意，甚至习以为常，但这样的说法的确是不符合逻辑的。

比玫瑰花长在沙漠里，周围还有几朵莲花作为陪衬，这是非常矛盾的。"培根老师补充道。

"是的，据我所知，后来中国摄影家协会数码影像鉴定中心邀请了资深数码影像专家、野生动物摄影家、视觉文化评论家、摄影家、数码影像工作者等组成了专家组，对此次事件中的40张华南虎照片进行鉴定，从摄影学和数码影像技术学两个方向分析、辨识，得出结论，照片统统都是假的。"陈思颖说得有依有据，听起来的确很让人信服。

"无独有偶，19世纪的德国哲学家杜林曾经提出过一个关于概括世界的定数律——'可以计算的无限制序列'。不过你们不觉得很奇怪吗？如果是无限制的，那还怎么计算？换句话说，如果可以计算，那还算什么无限制序列？所以，这个'概念'本身就是自相矛盾的。因此，后来恩格斯才批评说：'这个所谓的"定数律"其实就是一个形容语的矛盾，因为它本身就包含着矛盾，而且还是个荒唐可笑的矛盾。'除此之外，我们在生活当中还会发现自相矛盾的判断。"

"老师，什么叫自相矛盾的判断？"

"就是说判断本身包含着不可调和的矛盾。关于这点，我也可以给你们举例子。我曾在一则报道中看见过这样一句话：'中国园林建筑始于汉唐时期。'大家都知道，汉朝和唐朝是两个完全不同的时代，这两个朝代之间相差将近400年。也就是说，中国的园林建筑如果始于汉代，那就不可能始于唐代；反之，如果始于唐代，就不可能始于汉代。这两者是不能同时成立的。因此，这句话显然是把'汉''唐'这两个相隔数百年的概念给混淆成一个概念了。尽管我们可以说中国曾有过光辉的'汉唐盛世'，但要注意，这样的说法之所以没有毛病，是因为我们完全可以把这个判断分解为两个可以同时成立的判断。可如果我们说'某某物始于汉唐朝'就不行了。因为在分解这两个判断时，就会发现这两个判断本身就已经包含着不可调和的矛盾了。"

"哦，对了！"培根说到这里时，张梦甜好像突然想起来了什么，插话说道，"我记得我之前还在新闻报道上听过这样的消息——'我们已经确切地知道拉登可能在阿富汗。'现在看来这只能是笑谈了，因为这同样是不可调和的矛盾。"

"张梦甜同学，看来你已经听懂了！"

"呵呵，主要是老师您讲得明白。"

这时，培根把目光一转，对大家说道："在生活当中，不仅有自相矛盾的思想体系，还有自相矛盾的言行，当然，言行是由思想决定的，所以我在此就不多说了。"

接着，培根又把目光转向了陈思颖并笑着说道："陈思颖同学，我知道数学不是你的强项，所以你很苦恼，认为要是能像逻辑学这样就好了。不过我要告诉你的是，在这个世界上没有哪门学科是简单的，你们现在之所以会觉得逻辑学简单易懂，而且贴切生活，是因为我们这些老师为了能让你们听懂而下了大功夫，所以你们现在听到的所有的知识其实都是我们用深入浅出的方法来传授给你们的。"

就在这时，下课铃响了，培根微笑着对大家说道："好了，今天的课就上到这里，同学们再见！"

培根走后，陈思颖在座位上自言自语地说道："培根老师说得没错，世界上没有简单的学科，而我一味地抱怨也是没用的，今天晚上还是放平心态好好复习吧，争取明天能考得好点儿。"

 **培根老师推荐的参考书**

《新工具》 培根著。本书是培根最重要的著作，倡导人们采用实验调查法。由于人们完全依靠亚里士多德演绎逻辑方法荒诞可笑，因此需要一种新的逻辑方法——归纳法。知识并不是我们推论中的已知条件，而是要从条件中归纳出结论性的东西，更确切地说，是我们要达到目的的结论。

# 亚里士多德老师主讲 "排中律和充足理由律"

把模棱两可的东西排除掉吧！

亚里士多德（Aristotle，公元前384—公元前322）

　　亚里士多德，古希腊哲学家。生于斯吉塔拉。他是柏拉图的学生，亚历山大大帝的老师。公元前335年，他在雅典办了吕克昂学园。马克思曾称亚里士多德是古希腊哲学家中最博学的人物，恩格斯称他是古代的黑格尔。作为一位最伟大的百科全书式的科学家，亚里士多德对世界的贡献无人可比。在哲学的几乎每个学科，他都作出了贡献。他的写作涉及伦理学、形而上学、心理学、经济学、神学、政治学、修辞学、自然科学、教育学、诗歌、风俗以及雅典宪法。

这几天，张梓茗的心情很不好，因为他的表弟生病了，可是他的父母又都出差了，因此张梓茗每天放学之后都要去照顾生病的表弟。对此，张梓茗没有任何怨言。尽管他平时有点儿目中无人，但他还是知道身为哥哥应该肩负怎样的责任。他之所以烦躁，是因为他每次喂弟弟吃药的时候都不清楚该给弟弟用多大的药量。尽管药品说明书上清楚地写着老人小孩酌情减量，但他并不清楚具体减多少。最关键的是，如果弟弟因为服药过量而出了问题，那他这个表哥的责任就大了。因此，课间的时候张梓茗没有出去玩，而是一直在不停盘算着到底该给弟弟服用多大的药量才合适。正在他仔细盘算的时候，上课铃响了。

## 只有消除判断中的模糊性，才能更接近真理

"大家好，我是亚里士多德，今天的逻辑课由我来给你们讲。"

在他说完这句话之后，班里异常平静，同学们全都目瞪口呆地看着他。张梓茗激动地说："您真的是亚里士多德？真的是那位号称世界上最伟大的百科全书式的科学家、教育界鼻祖、知识最渊博的柏拉图的学生亚里士多德？"

"呵呵，没错。"

张梓茗兴奋地说："您这位世界上最伟大的科学家、教育家、学者居然能来给我们讲课，我们今天真是太荣幸了！"

张梓茗说完，班里的同学似乎也都反应过来了。顿时，雷鸣般的掌声响了起来。亚里士多德笑了笑说道："谢谢同学们的热烈欢迎，我们来上课吧！之前培根老师给你们讲过逻辑学中的前两个基本定律——同一律、矛盾律。今天，由我给大家讲逻辑学中的后两个定律——排中律、充足理由律。"

"我先来给大家讲讲'排中律'。在讲排中律之前我先问大家一个问题，你们在生活中是否遇到过语言模糊的现象？比如，在炒菜放调料的时候，烹饪书上总是会写着'盐少许''味精少许''酱油少许'，有的药品说明书上也有'酌情减少''慎重服用'等字眼。"

## 学做菜的烦恼

西餐的烹饪书上通常会写明各种调料的精确用量，而有些中餐的烹饪书上则会用"少许"这样的词表述用量的多寡。这在逻辑学中就叫"模糊性"，而这种模糊性会让很多初学做饭的人头疼。

一个年轻人向师父学炒菜。

盐少许，味精少许……

油要少放。

酱油少许，葱、姜、蒜少许……

"少许"到底是多少啊？

亚里士多德话音刚落，张梓茗就大声回应道："是的，现在我是深有体会啊！我弟弟这两天生病了，但是药品说明书上总是出现这种模糊的字眼。虽然写着小孩要减少药量，但是具体要减少多少却没有写清楚！吃少了，病好不了；吃多了，小孩身体弱，容易出问题。最要命的是他爸妈不在家，还把孩子托付给我了，我责任重大啊！"

听完了张梓茗的抱怨，亚里士多德笑了笑说道："没错，正是因为这样，我们在生活中才需要'排中律'。"

## 什么是排中律

逻辑学中的很多基本定律往往都能用一个简单的实验或通过一个简单的现象体现出来。

不知道落在手里时是字的一面向上还是头像的一面向上。

原来是字，我再抛一次试试看。

看来不论我扔几次都不会有立在中间的情况出现。

"老师，您说了这么半天，到底什么是'排中律'啊？"

"'排中律'是指，在同一个推理论证过程中，两个互相否定的判断不可能都是假的，必定有一个是真的。排中律其实是对客观事物区别性的反映。客观事物在确定的时间、条件下，'是什么'和'不是什么'也总是确定的，而人们对它究竟'是什么'和'不是什么'也必须有所判断，否则就没人知道这个事物究竟是什么或究竟不是什么了。"

这时，张梓茗挠了挠头说道："老师，您说的这一大段的话我怎么觉得像绕口令啊。请您举个例子，把内容说得尽量简单点儿吧！"

"呵呵，好的，我给大家举个简单的例子吧。比如，如果把一枚硬币抛起来，那么它掉下来的时候肯定是一面朝上，或者是另一面朝上，不可能立在地上。这就是排中律的体现。就好像一道判断题不是对就是错，永远都不会有半对半错的情况。排中律其实是矛盾律的进一步延伸。它要求人们在是非面前，对问题做出非常明确的回答，以消除人们在判断中的模糊性。"

刘咏洁插话道："老师，我们中国的李白写过一首诗：'庄周梦胡蝶，胡蝶为庄周。一体更变易，万事良悠悠。'您对这首诗怎么看呢？"

亚里士多德笑了笑说道："呵呵，李白的这首诗体现的当然是一种追求'物化'的境界了，但是你们现在处在现实的世界，所以要过现实的生活。这就好比你们上了学之后就注定要考试一样。对于一个事物是什么或者不是什么，我们还是应该有明确的判断。毕竟我们不是浪漫主义诗人，不能总是'梦游仙境'。"

陈思颖也插话说道："我小时候听过这样一个寓言故事。凤凰在过生日的时候，所有的鸟类都来朝贺，可是唯有蝙蝠没有来。凤凰很生气，于是便派鸟前去询问。蝙蝠说：'我是哺乳动物，是兽类。凤凰再威风也是禽类，所以它过生日我凭什么要去朝贺？'后来，百兽之王麒麟过生日，所有的兽类都前去朝贺。这次蝙蝠又没去。麒麟很生气，于是派兽责问蝙蝠。蝙蝠说：'我有翅膀，是禽类。它麒麟再威风也是兽类，我凭什么要去朝贺？'后来，凤凰和麒麟相遇，当它们谈到自己过生日蝙蝠不去朝贺时，不禁感叹道：'如今世风不正，像这种不禽不兽的东西，拿它能有什么办法！'"

## 不禽不兽

两个相互矛盾的判断同时予以否定，但是由于矛盾判断已经排除了第三种可能，因此这种"非此非彼"的方式也丧失了判断的明确性。

凤凰过生日，好多鸟类都来朝贺，可蝙蝠没有来。
凤凰很生气，于是便派鸟前去问："你为什么不去？"
蝙蝠说："我是哺乳动物，是兽类，而凤凰是禽类，所以我不用去。"

后来，百兽之王麒麟过生日，好多兽类都前去朝贺，蝙蝠又没去。
麒麟很生气，于是派兽责问蝙蝠："你为什么不去？"
蝙蝠说："我有翅膀，是禽类，而麒麟是兽类，所以我不用去。"

陈思颖话音刚落，张梦甜又接着说道："哦，对了，我也想起来个例子。在中国唐代武则天当政时期，有一个宰相叫苏味道。这个人很圆滑，对于任何一个问题从来都不明确自己的态度。他曾经对别人说：'处事不欲决断明白，若有错误，必贻咎谴。但模棱以持两端可矣。'因此，当时人们给他起了个外号叫'苏模棱'。"

张梦甜说完，亚里士多德笑了笑说道："呵呵，这两位同学举的例子都很好。

下面我分别来说一下这两个例子。首先，陈思颖同学说的寓言故事在逻辑学中叫作'非此非彼'，这实际上是一种诡辩形式。也就是说对两个相互矛盾的判断同时予以否定。但是由于矛盾判断已经排除了第三种可能，因此这种'非此非彼'的方式就丧失了判断的明确性。"

"我再说说唐朝的那个宰相。事实上，模棱两可同时也是模棱两不可。因为他含含糊糊地'似乎此，似乎彼'，也就等于是含含糊糊地说这样不可以，那样也不可以的'非此非彼'了。而这仍然对事物的情况判断无所断定。中国古代常常会出现'各打五十大板'，事实上，这就如刚才的例子一样。如果有人有意为之，那就和刚才说的那位宰相一样，是模棱两可的诡辩。

"在现实生活中，那种'逢人且说三分话，未可全抛一片心'的做法在某种程度上就是'模棱两可'或'模棱两不可'。这种含糊其词、态度暧昧，没有明确作答的回答方式，会妨碍人与人之间的有效沟通交际。"

## 排中律的作用就是保证思维的明确性

"老师，排中律有什么作用呢？"

"它的作用就是保证思维的明确性，而不再是模棱两可。关于这点，我再举个例子。三个读书人赴京赶考，他们在途中请一个算命先生算卦。算命先生没说话，只是冲他们伸出一根手指。三个人不明白，想继续请教，算命先生摇摇头说'天机不可泄露'，三个人只好无奈地离开了。这三人走后，算命先生的徒弟问：'师父，到底是什么意思？'算命先生说：'如果将来他们三个人中有一个考中了，那一只手指就表示考中一个；如果三个人中考中两个，那一只手指就表示有一个没考中；如果三个人全都考中了，那一只手指就表明他们三个人一起考中；如果三个人都没考中，那一只手指就表明他们三个人一起没考中。'"

这时，张梓茗大声说道："这个算命先生可真是聪明啊！"

亚里士多德说道："呵呵，在你看来是聪明，但是在我看来这就是诡辩了。"

"哦，对了，"张梓茗又说道，"针对刚才您说的抛硬币的问题，我突然想起了一种新情况，那就是它在掉下来时如果竖着插到一堆烂泥里，那么您对此怎么看待？"

"这同样是在诡辩，因为你将一般情况下的事物状态和特殊情况下的事物状态混淆了，这样就丧失了一般沟通交际语境中的确定性。不过，这样的诡辩对我们来说也有一个好处，那就是时刻提醒我们事物的状态永远都不会是一成不变的。比如，如果我们将这枚硬币抛向太空又将怎样呢？也许它将会成为一颗星，带着对排中律和矛盾律的辛酸与困惑，浪迹星空。"

亚里士多德说完，班里传来一阵笑声。待安静了些，他接着说道："因此，排中律的作用也是有条件的。第一，排中律并不否认客观事物在发展过程中有中间的过渡状态。它只在事物有非此即彼的情况下才起作用。所谓的'排中'，就是排除了是非之间的'居中可能性'。第二，排中律不要求人们对任何存在矛盾观点的问题都做出明确的表态，比如对某些人们还尚未了解或者是非界限还不是很清楚的问题表态就是不允许的。然而，只要表态，就应该有一个明确的态度。至于那些实在是不好表态的，排中律的作用也会让人们立即知道它的确有难言之苦。第三，就是关于复杂的问语问题。所谓'复杂的问语'，通常指的都是隐含着一个对方根本不接受或者是没有承认的预设前提。在这样的情况下，无论是对它的肯定回答还是否定回答都将承认这个假设。因此，对于复杂问语，排中律并不要求简单的'是'或'非'的回答，但这样并不违反排中律的要求。如果非要回答不可，反而会闹出笑话。"

## 什么是充足理由律

"接下来，我再来讲讲充足理由律。在讲这个定律之前，我先问大家一个问题，唐僧师徒四人中谁最适合做销售？"

这时，班里有人说是孙悟空，因为他最聪明；也有人说是沙和尚，因为他最本分；还有人说是唐僧，因为他总是振振有词。

亚里士多德听完之后，笑了笑说道："呵呵，这其实是道面试题，这道面试题考察点重点并不是答案什么，而是要通过这个问题考察大家的分析能力、对专业的理解、逻辑思维能力、创新和散发能力，还有每个人的价值观等。因此，对于这样的面试题，我们要学会'差异化'。也就是说，要根据不同单位类型的需要，结合自己的专业学习、实习经历来作答。不过，无论你回答什么样的答案，都必须自圆其说，言之有据，而这也是充足理由律的基本要求。所谓的'充足理由律'，就是指在论证的过程中，任何一个论断被确定为真的，都必须具有真实的充足理由，而且理由和推断之间要有必然的逻辑联系。"

"充足理由律是要求在严密的逻辑证明时，如何才能让它更具有说服力。因此，充足理由律的逻辑要求在于保证推理论证的有效性，也就是有论证性。"

**彭新武老师评注**

充足理由律和排中律同样在生活当中非常常见。比如说在法庭上，证据越多越详细就越容易给罪犯定罪，这就是充足理由律的最好体现和应用。

张梓茗插话问道："那么这个'充足理由律'在我们生活中的应用很广泛吗？"

"当然了。别的不说，充足理由律在法律论证中有十分重要的意义。刑事诉讼中的无罪推定原则是'证据不足不起诉'的法律基础，而证据不足不起诉的实体条件是案件的证据达不到起诉所必须具备的证明标准的要求。

"比如，某个人因为在未经自己同意的情况下被照相馆私自使用自己的照片，在要求照相馆停止使用被拒绝后，将照相馆告上法院。照相馆的相关人员在得知这一消息之后便悄悄地撤下了这个人的照片，还在法庭上矢口否认曾经使用过这个人的肖像。结果，这个人因为列举不出充分的证据而败诉。再比如，有一个人去买家具，交了订金，但是商家在开收据时写的是'定金'。注意，这个'定'不是'订购'的'订'，而是'确定'的'定'。到了后来，这个人又不想买家具了，所以他想退回订金，但是商家就是不肯。结果这个人一气之下将商家告上法

# 定金还是订金？

充足理由律在法律论证中有十分重要的意义。刑事诉讼中的无罪推定原则是"证据不足不起诉"的法律基础，而证据不足不起诉的实体条件是案件的证据达不到起诉所必须具备的证明标准的要求。

一个人去家具城买家具。

商谈好后，付订金，商家开了张收据：上面写的是"定金"二字，买家便得意扬扬而去。

这个人几天后反悔，又来到了家具城，想退回订金，商家不退。

一气之下，买家把商家告上法庭。法官拿着收据，指着收据上的"定金"二字，给男人讲解——一般原则是订金可退，定金不能退。

这个人十分懊恼。

庭。可是法庭在审理时认为，原告主张的'订金'的性质，不能在法庭上提交有关的证据予以证明，因此法院不支持原告的请求。"

"怎么会这样呢？"刘咏洁很不理解地说道，"他们明明是吃了亏，想上法院去讨回公道，但是法院居然不支持他们。"

这时，张梓茗对刘咏洁说道："因为法院是讲究证据的地方啊！"

亚里士多德接过张梓茗的话说道："张梓茗同学说得没错，他们之所以会败诉，就是因为证据不充足。而在司法诉讼中，证据充足或者是保全是赢得诉讼的前提条件，而这正是充足理由律的很好的体现。"

"当然，在法庭上我们也经常能见到作伪证的人。在逻辑学中，伪证又叫作'虚假理由'，也就是指以虚假的判断或观点作为推理、论证的根据。在一个推理论证中，无论是前提还是结论，都是证明论题真实性或是推出结论的根据。也就是说，如果前提或结论是虚假的，那么结论或论题的真实性就不会得到证明。比如，在案件的侦查过程中，鉴定人、证人、记录人或翻译人故意做的虚假的证明、记录、鉴定或翻译。这些对于案件的侦查或审理来说，都是虚假理由。因此这些通常都被称为'伪证'。

"总的来说，'充足理由律'共有两层含义：第一，任何事物都有一个成因，而这个成因决定了这个事物为什么会存在，也决定了这个事物为什么是真实的，以及为什么它会是现在这个样子而不是另外一个样子等。人们在认识了这个成因之后，也就认识了这个事物，进而就可以改变这个事物。如果不具有充足的理由，或者没有确定的理由，就什么也不能达到。

"第二，事物的直观存在或感性存在并不是最重要的，真正的重中之重是事物背后的成因，而且它也是最真实的。应该说，充足理由律在科学领域中是没有非议的，它对人们从科学的角度来探索自然作出了独到的贡献。随着科学技术占据了统治地位，充足理由律也成了所有科学领域中的第一原则。我的后辈，18世纪德国哲学家高特雪特说过：'如果充足理由原则不能被当成试金石所接受，人们就会发现他们无法把真理同梦幻区别开来。在梦幻中出现的一切都没有充足的理由。在梦里，人们一会儿在这里，一会儿又到了那里，他们弄不清这到底是怎么回事，他是如何到这里，又是如何离开的。清醒时或现实中，一切都有起因，比如谁来了，他来这里干什么，他为何来等，这些问题都是明明白白的，所以有关理由的原则是真理的可靠特征。'"

就在这时，下课铃响了。亚里士多德微笑着对大家说："今天的课就上到这里，希望我讲的内容你们都听懂了，更希望今天课上所讲的知识能对你们有帮助。好了，同学们再见！"

亚里士多德刚走，张梓茗就拿起书包往教室外跑，因为他受到了亚里士多德的启发，决定拿着药去亲自问问大夫，弟弟到底服用多大剂量合适，就像"排中律"那样把模棱两可的东西排除掉。

### 亚里士多德老师推荐的参考书

《工具论》 亚里士多德著。本书由他的注释者汇编成书。他们继承了亚里士多德的看法，认为逻辑学既不是理论知识，又不是实际知识，只是知识的工具。亚里士多德是许多学科的开创者。与柏拉图不同，他是学科的体系化者，后来许多哲学、科学体系的建立都是以他的体系为模式来做的。全书收集了亚里士多德6篇逻辑学著作：《范畴篇》《解释篇》《前分析篇》《后分析篇》《论题篇》《辩谬篇》。

# 诺依曼老师主讲
# "统一场理论"

有些条件是必要的，但不一定是充分的。

约翰·冯·诺依曼（John von Neumann，1903—1957）

　　约翰·冯·诺依曼，美国籍匈牙利人，数学家、计算机科学家、物理学家和化学家。他开创了现代计算机理论，其体系结构沿用至今，他早在 20 世纪 40 年代就已预见到计算机建模和仿真技术将对当代计算机产生意义深远的影响。

课间，张梓茗一个人郁闷地坐在座位上，因为他怀疑他最喜欢看的武侠小说昨天晚上被弟弟拿走了。可当他跑到弟弟的房间大声质问的时候，对方却矢口否认，并让自己拿出证据来。性格有些急躁的张梓茗不管三七二十一，动手翻了弟弟的房间。最后他不但没找到，还被妈妈骂了一顿。

"唉，这可真是'偷鸡不成蚀把米'啊！"此时，张梓茗才认识到证据的重要性。

这时，上课铃响了。尽管这件事依然在张梓茗的脑海里徘徊，但他不得不收拾心情，迎接老师的到来。

## 只有相关适当的证据才能得出正确的结论

"大家好，我叫诺依曼。我是美国籍匈牙利人。我是数学家、计算机科学家、物理学家和化学家。今天的逻辑课由我来给大家上。"

尽管张梓茗的眼睛一直在盯着诺依曼，但精明的诺依曼一眼就看出来张梓茗的心思根本没在课堂上。于是他说道："这位同学，你看起来有些心不在焉啊！"

班上的同学哈哈大笑，张梓茗的脸顿时红了起来。他不解问道："您怎么看出来我的注意力没在课堂上的？"

"呵呵，我要是连这点儿能力都没有，还能给你们当老师吗？好了，说说你的心事吧，没准我能帮你解决呢！"

"其实也没什么大事。最近我正在看一本小说，但是昨天晚上这本小说突然不见了。我怀疑是我弟弟拿走的，但是我问他时他死不承认。"

"你凭什么怀疑是他？"

"我们俩的性格太像了，我喜欢的他也喜欢，我不喜欢的他也讨厌，从小到大都是这样。"

"那你有证据吗？"

"没有啊。可是那本书又没拿到外面，除了他还能有谁呢？于是我当时就把他骂了一顿，然后我又被我妈骂了。"

"那就只能赖你自己了，谁让你没有证据的！你要知道，这种事情，证据是很重要的，甚至可以说起到决定性作用！而这也正是我今天要给你们讲的主要内容。"

"这么说，您今天是来给我们讲'证据的必要性'的？"

"这的确是今天的主题，但并不是全部，**严格来说我，今天要给你们讲的是'统一场理论'。**"

诺依曼说完，班里所有的同学都愣住了，因为这五个字他们从来都没听过。张梦甜大声说道："啊！竟然是大套的理论啊！那会不会很难懂啊？虽然我们之前已经上了不少逻辑学课了，但从整体来说，我们这方面的基础还是不行啊。您能不能别讲这么深奥的东西啊？"

**彭新武老师评注**

"统一场理论"其实是一个物理学的理论，但是如今被运用到逻辑学中，意为要把之前所有学过的东西进行总结、归纳和运用。

"你们不要一听到'理论'这两个字就觉得它很深奥、很难懂。其实'统一场'这三个字只是听着新鲜而已，至于理论中的内容，你们基本上已经学过了。

"所谓的'统一场理论'就是一种能够帮助你们找到真理的理论。在你们得出理论的过程中，必须要仔细考察各种清晰或歪曲的思考例证。通过这种归纳，我们可以概括出人类活动的本质，并找出探求现实的一般原则。而这个所谓的'一般原则'，就是'统一场理论'。再简单点儿说就是，理解所有证据是正确感知现实的基础。

"推论本身其实就是一种证据形式。根据你们之前学过的定义，证据就是指出真理的指标。因此作为一种证据形式，它必须被正确诠释。清晰的思考、确切思想的规则的指引以及各种谬误的分析，也就是你们之前所学到的所有知识就是统一场理论的应用。"

"可是，在实际的过程中，要想把所有的证据都找到可并不是一件容易的事情啊！"张梦甜插话道。

　　"是的，我们能做的就是正确诠释一切我们可以得到的证据。因此，在这个世界上恐怕永远都不会出现最后的定论，因为它并不是以所有证据为依据。或许你认为你已经把现在所有的证据都找到了，但事实是这只是截至目前你能找到的证据。退一步说，就算你把现在所有的证据都找到了，但还有未来那些尚未出现的证据。你总不能搭乘时光机穿梭时空吧？因此，你们现在所知的所有结论都是不完整的、片面的，有时候甚至是以错误的证据为依据的。所以就像你们之前所学到的，现在所有的结论都是暂定的。只要出现了新的证据，这些所谓的'定论'就会再次发生变更。所以说，在我们追求真理的过程中，最重要的是'证据'。通常情况下，这种问题的形式是这样的：'为什么？证据是什么？你怎么确定？'这样的问题往往能帮我们带出证据，并导出关于现实和真理的正确结论。

　　"在生活中，我们找到的证据必须相关而且适当，如果证据不相关或是不适当，那结论就无法得到支持。因此，要想得到最正确的结论或真理，就必须先能正确诠释所有我们能找到的证据。"

　　"看来分析证据是不是相关适当很重要啊，这直接关系到证据能不能得到支持。"刘咏洁说道。

　　"没错，为了达到分析的目的，我们通常会将正确的证据分析分为两部分——相关性和适当性。这两个部分比较类似，但又不是完全相同，不过它们都属于我今天所讲的统一场理论。就像我刚才讲到的，适当性与相关性的建立，不一定要将所有的证据都找到，我们只需要分析可得的证据就行。虽然证据的这两个特性都很重要，可一旦开始分析，就必须首先考虑相关性。

　　"在逻辑学中，'相关性'类证据的定义是，如果证据不带任何感情，直接关联于立场的有利点，支持该立场的结论，则该证据就具备相关性；不能直接关联于结论，或者是不支持结论的证据，就不是相关性证据。"

## 生活中的很多叙述都没有相关性

"我想问问你们，有谁知道股票经纪人？"

"我知道！"张梓茗回答道，"那可是股票市场的权威人士。通常情况下，我们在市场上买了股票，都是靠他们来打理的。"

"是的，没错，在股票交易中，股票经纪人的职责就是代理客户买卖股票，从事中介业务。也就是说，在股票交易中，广大的股票投资人相互之间不是直接买卖股票的，而是通过股票经纪人来买卖。

"股票经纪人作为买卖双方的中介人，首先询问股票买卖双方的买价和卖价，按照客户的委托，如实地向股票交易所报入客户指令，然后通过股票交易所，在买价和卖价一致时，促成双方股票买卖的成交，最后，再向双方收取交易手续费（佣金）。因此，股票经纪人在股票交易过程中的地位是十分重要的，而他的意见，也是举足轻重的。

"但是，你们有没有想过，他们的决策或是建议就一定是百分之百可信的吗？他们有没有在期间存在一些偏见或是欺诈？无论有或没有，反正当股票经纪人在向我推荐一只股票的时候，我的立场和原则是无比坚定的，那就是，除非他的建议有足够坚实的理论的支持，否则，都是不相关的。"

显然，这一两句简单的话并没能让大家明白，于是诺依曼接着说道："我给你们举一个简单的例子。一个拥有很高地位的人在《美国新闻与世界报道》中表示：'某某知名历史学家说他可能会参与某某总统在后冷战时期的外交活动。'"

"或许在你们眼里，'地位很高'这几个字足以让你们相信这应该是一位很有权威的人，但是在我看来，就算他真的是权威人士，也是一个没名没姓的权威。因此每当我看到这样的文章时，我总会觉得文章的内容不但乏善可陈，而且也不怎么可靠。过了几个星期之后，我才知道文章中的那位'地位很高'的人就是某某总统主政时期的重要官员。从个人角度来说，我还是比较喜欢这个人的。不过我也知道，也一定有不喜欢他的人，但是这并不重要，因为这和结论之间没有实质性的关系。唯一和结论真伪有关系的，就是这位官员曾参与过某某总统任职时间的外交政策。因此，当他在阿谀奉承地赞扬某某总统的外交政策时，其实就是在间接地吹捧自己。此外，这位官员总是受总统的差遣，因此从权力的角度来看，就算他和总统之间的意见不同，也不会提出与总统的意思完全相反的意见。所以说，这种有偏见的权威根本就不能算是权威。

"此外，我们也不可能知道他偏见的内容，因为他的断言根本就没有附上理由。他只是在电视机中一再地告诉我们某某总统的外交政策很棒，可没有告诉我们他为什么会这么称赞。既然没有原因，就自然没有相关的理由来支持他的结论。或许就连他自己都怀疑他的权威是有偏见的，因此他在发表意见时从来都不用自己的真实姓名。他从来不说'我相信什么什么'这类的话，而总是会引用一些不知姓名的历史学家的说法。他经常引用的'权威'不但是从无名无姓的人的嘴里说出来的，而且搞不好还根本不存在。所以我在平时不会去看他的陈述，因为他本身就是有偏见的权威，而且说的话还都是单纯的断言，而这些陈述根本就没有相关性。

"除了这个以外，有的人在生活中也经常会用一些虚假的理由来解释那些早已经被人们接受的结果。我们在说一个结论之前，通常会先说出支持或反对这个结论的理由，而不是先将结论说出来，然后再去说理由。在合理化过程中，理由和结论之间的关系通常很小或者是根本无关，它只是简单地让问题合理化。

"另外，诉诸情感的陈述通常也是不相关的。在生活中，诉诸谄媚、同情、羞辱、宽容、暴力这些做法的确能让人更容易得到自己想要的东西，但这些和结论都毫无关联，所以也是不合理的。"

"您能给我们说说原因吗？"刘咏洁说道。

"原因其实很简单，因为情感是有魔力的，它会或多或少地影响到我们，但情感与主题之间却毫无关联。另外，情感的诉求与推理的结论也不相关，更难以取代真实的证据。也就是说，再强烈的情感也无法取代理性，因此我们不能诉诸情感。

"比如：'相信我，没什么好怕的。'很显然，这句话的意思是你要求人家相信你，但在这句话中找不到任何能让人家相信你的理由。你只是通过情感上的关系来让人家相信你，因此这样的诉求就是不相关的。

"再比如，一个老师对一个女学生说：'你今天晚上八点之前不拿 5000 块钱给我，明天的考试你就别想及格。'像这样抓着别人的弱点，并明知别人不愿意接受，还在这种情况下威胁别人必须接受，但却没有提出相关的理由或证据来证明自己这种方法是对的，因此这样的陈述也没有相关性。在特定的行动下会产生特定的结果本身没有错，但对方提出的是威胁而不是相关的诉求，而威胁与结论之间是没有推理关系的。因此，要求对方以金钱来换取考试及格是恶劣的论证。为了能让大家更具体地了解它的恶劣之处，我现在就将这句话更具体地分析一下。

"老师跟女学生说这句话的言外之意就是，我要大发一笔横财，我希望你来帮我实现，因为我能决定你是否及格。这三句话引申出来的意义就是，因为我能决定你是否及格，而这又在一定程度上影响了你未来的职业生涯，所以如果你不答应，我就会危害到你的职业生涯，而你不希望自己的职业生涯受到危害，因此最终的结论就是——你得给我 5000 块钱。"

"如果换了是我，我死都不会答应的！"刘咏洁怒气冲冲地说道。

"所以，只要是有理智的人就不会相信这样的说法是正确的，不过它的确是一种容易让人屈服的手段，而且还是能够达到目的的有效手段。从我刚才的分析你们就可以看出，论证使用的威胁前提和隐含前提与结论并不相关。

"不过，虽然恶人的威胁和结论不相关，但好人空泛的安慰也同样和结论不相关。比如一个人对议员说：'议员先生，我是一个已经退休的人，但我的日子却是入不敷出。如果你投票支持财产税，那我接下来的日子真不知道该怎么过了！'议员听了这话之后回答说：'你必须学会坚持，学会咬紧牙关，因为你接下来的日子还会更苦。不过我还是要祝贺你，因为另一个小镇的财产税比咱们这里还要高。'

"很显然，议员的话是在刻意转移焦点，因为他想堵住反对者的嘴，并阻止反对者和他更加深入地讨论这个问题。议员并没有告诉他税率调高的理由，取而

## 老师的威胁

　　恐吓其实是一种威胁，目的是让对方答应自己的要求。尽管女学生的分析看起来很合乎逻辑，但只要她是个理智的人，就应该知道这样的说法其实是不正确的，因为她还可以报警。

如果你在今天晚上八点之前不拿5000块钱给我，我就让你的期末成绩不及格。

如果我今晚不给他钱，我这次的期末考试就不及格。如果我考试不及格，那我可能就不能毕业。如果我不能毕业，那就会影响我将来的前途……

女生大哭。

代之的是重申了自己的立场。在这种情况下，这个人并没有从议员的嘴里得到结论，而只是得到了他空泛的安慰。这样的安慰只不过是为转移诉愿者的焦点，并告诉对方，不要对自己的现状不满，因为将来还会更苦，或者是有人比你还要苦。”

除了这些不相关以外，还有很多，比如不能得出正确结论的陈述不相关，毫无差异的区别不相关，回避问题不相关，未经证实的假定不相关等。

"没错，"张梓茗说道，"我们的日子有时候的确会过得更苦，可有时候我们的日子也会过得更好啊！"

"所以说，这就是一个不真实的议题，一个人在一个地方，日子可能过得很苦，可他要是换一个地方，日子没准就会过得很好。这是一个微不足道的自明之理，也是毫无信息价值的套套逻辑。议员之所以会把焦点转移到假议题上，是因为他想逃避对方的抱怨。反对这种转移焦点论证的方式，就是将显而易见的事情指出来——日子能过得更苦，但也能过得更好。"

## 相关的证据是必要的，但并不一定是充分的

"我们讲完了证据的相关性，再来讲讲证据的适当性。'适当性'就是指证据不仅必须与结论相关，还要有很大的数量、种类与重要性来支持结论，只有符合这些要求的证据才是适当的。统一场理论要求我们要充分考虑所有可得的相关证据，并检视所有证据的适当性。也就是说，要证明一个结论，有相关性的证据是必须要有的，可是仅有相关性还不足以得出有关现实和真理的结论。对于有些人来说，如何区分'必要的'和'充分的'会让他们感到困惑，而我现在要做的，就是让大家彻底搞清楚这两者之间的区别。如果某件事物一定需要另一件事物但有可能还需要其他事物才能发生，那么所需事物就是必要的；如果某件事物只需要这件事物就能发生，则原本所需的事物就是必要的但不是充分的。"

"您还是给我们举例子吧，能帮助我们理解。"刘咏洁说道。

"比如，汽车需要汽油才能行驶，那我要是想开车去一个地方，就必须需要汽油。可是，如果我只有汽油，却没有火花塞、机油、蓄电池等，那么汽车依然

无法发动。因此汽油就是必要的，但不是充分的。

"再比如，植物需要水才能生长，不过你要是因此就无限制地或者是只知道给植物浇水的话，那你就别期望你种的植物能好好生长了，因为单纯地浇水并不能保证植物一定会健康生长，它的生长还需要其他条件。所以说，要想让植物健康生长，水是必要的，但并不是充分的。

"现在有很多人嫌自己太胖，于是采取各种方法减肥。我有一个朋友，为了减肥，听信他人的话天天中午都吃得很少，而晚饭干脆什么也不吃只喝水。一个月后，他称体重，根本没瘦多少。于是他索性连午饭也不吃，只依靠喝水充饥。没过几日，他被送进了医院，还好抢救及时。相信你们之前在逻辑学课上所学的知识已经让你们知道，正确的结论需要相关的证据来证明。因此，要想获得正确的结论，找到相关的证据就显得非常重要，但并不一定是充分的。就证据本身而言，首先每个证据必须要适当，其次证据还必须有适当的数量和种类，这样才能支持结论。"

"请给我们讲讲，什么样的证据才是适当的证据？"张梓茗问道。

"张梓茗同学提出了一个好问题啊，但非常遗憾，这个问题我很难回答你。因为它没有绝对的答案，这要取决于时间、地点，还要考虑到人。例如，在法庭上，你要想指控一个人，就必须拿出清楚且具有说服力的证据，而陪审团则必须找出被认定为不合理并加以怀疑的东西来定为被告的罪证。法律的出现就是非常合理地承认怀疑总是存在的，这一点是毋庸置疑的。不过，法律主张合理怀疑的标准就是刑事判决的标准。如果被告的罪证超越了合理怀疑，则陪审团应该判决被告有罪；如果列出的证据没有显示出被告的罪证超越了合理怀疑，那陪审团就应该判被告无罪。"

诺依曼的话再次让大家感到一头雾水，因为同学们觉得这不仅是理论，更像是个绕口令。诺依曼讲完，也察觉到了同学们的困惑，便问道："怎么，又没听懂，是吧？"

很多同学都点了点头。

"呵呵，其实这也不能怪你们，毕竟你们只是这方面的初学者嘛。我们这种

# 节食减肥

胖子没弄明白，减肥不能只靠少吃饭，更重要的还有锻炼。因此少吃饭对减肥来说就是必要而不充分的。

我怎样才能减肥？

晚上尽量少吃饭，最好不吃饭。

既然这样，那我从今天开始中午就少吃，晚上干脆就不吃饭了，只喝水，估计这次我的减肥计划一定能成功了！

一个月了，怎么没什么成效啊？难道是我吃得多吗？那好，从明天开始我就只喝水，不吃饭，不信我减不下去！

可恶！那个该死的骗子！我从医院出来之后一定饶不了他！

在这门学科里研究了好几十年的人，讲着讲着就容易讲深了。好吧，那我就用生活中的事情再重新给你们简单说说吧。

"我孙子告诉我，他最近一直想买个 CD 机，他说他已经考虑了颜色、音质，而且只要 14 美元。他从开始考虑这些因素到最后决定购买一共花了不到两分钟的时间。他跟我说完我就告诉他：'你做这个决定真轻松，当年我打算买房子的时候可不是那么轻易就能做出决定的。因为当时想买套好点儿的房子需要足足 20 万美元，因此我需要进行深入的调查、思考、分析，甚至是听取专家的建议。'

"所以说，证据的适当性其实是程度上的问题，因为时间、地点、相关人物都是在不断变化的。"

就在这时，下课铃响了，这让还在滔滔不绝地讲课的诺依曼先是停了两秒钟，然后有些不敢相信地问道："怎么，这就下课了？"

"是啊！感觉这节课时间过得飞快！"张梦甜笑着说道。

"本想再给大家讲点儿什么，但课堂时间有限，就讲到这儿吧！对逻辑学感兴趣的同学可以多看看书。"

说完，诺依曼走出了教室。

诺依曼刚走出去，张梓茗就站起来对同学们说："哎，武侠书和这堂逻辑学课真是没法比啊，这堂课令我收获颇丰。"

 诺依曼老师推荐的参考书

《逻辑十九讲》 阿特金森著。本书是作者针对大众读者撰写的一本逻辑学通俗入门读物。全书从逻辑学最浅显的概念入手，用通俗和生活化的语言，系统、简洁地阐述了逻辑学最基本的原则与思维方式。其中诸如推理、归纳、因果关系、真假命题、是非条件等专业术语，作者都做了通俗易懂的解释，旨在让读者明白逻辑对于日常生活及普通思维、行为方面的价值和意义，并帮助读者掌握简单的逻辑思维能力和推理能力，以扩展、提高读者的认识面和认知能力。

# 密尔老师主讲
## "人际沟通中的逻辑语原则"

逻辑对于沟通大有裨益。

约翰·斯图尔特·密尔（John Stuart Mill，1806—1873）

约翰·斯图尔特·密尔，英国哲学家、经济学家、法学家、古典自由主义的集大成者。自幼在父亲的严厉管教下受教于英国和法国，为《旅行者》《编年史早报》《法学家》等刊物撰稿，后主编《伦敦评论》。主要著作有《逻辑方法》《政治经济学原理》《论自由》等。

今天一整天，刘咏洁的心情都不好，因为昨天晚上她又和她妈妈吵架了，而且吵得非常厉害。吵完架之后，刘咏洁感觉自己身上的压力突然增大了很多，因为她不知道要是照这样下去将来该如何跟自己的妈妈，甚至是如何和家人沟通。

"难道真的是因为年龄的差距造成的代沟吗？"当刘咏洁心里这样想着时，上课铃打响了。听到铃声后，刘咏洁下意识地抬起了头，但是她心里始终放不下这件事。

## 人际沟通是语言行为

"大家好，我叫密尔，是英国的哲学家、经济学家、法学家。今天的逻辑课由我来给大家讲。不过跟之前的老师们相比，**我今天所讲的内容要更加实际一点儿，甚至可以说是讲我们生活中的事情。**"

张梓茗问道："老师，您今天想给我们讲什么呢？"

"人际沟通中的逻辑语言原则。"

### 彭新武老师评注

逻辑学其实从来都不是一门只能运用在书本或是考试中的学问，它从根本上说是一种思维方式。我们在生活中运用这种思维方式思考问题或者是做事，可以找到最好的方法和正确的答案。

听到这句话，刘咏洁猛然抬起头，她知道她必须全神贯注地听完这堂课，因为这对自己来说非常重要。

"人际沟通？"张梓茗不解地问道，"这个词经常出现在职场领域，难道您今天要给我们讲职场的事情吗？"

密尔老师说道："张梓茗同学，或许你忘了非常重要的一点，那就是，逻辑学不仅是一门写在纸上的学科，更是一门实用性极强的，甚至可以说是一门在生活中无处不在的科学。"

张梓茗一拍脑袋，恍然大悟地点点头。

## 交际三要素

在生活当中，我们同他人说的每一个字、每一句话都算作语言行为。由此可见，语言行为在生活中是非常常见的，而且是时时刻刻在用的。因此，如果我们能很好地掌握语言行为艺术，我们的沟通能力和交际能力就会大大提高。

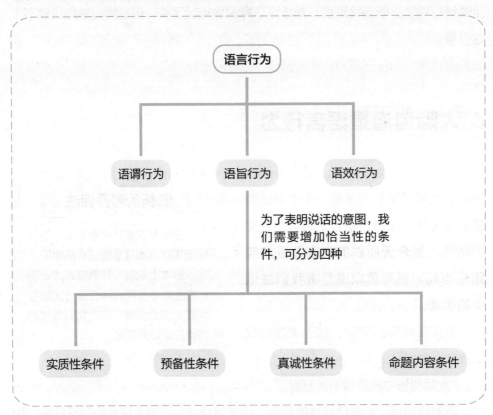

密尔老师接着说道："当然，你把它理解为在职场上运用的学科我并不完全反对，但是在我看来，这只是逻辑学在职场中的用处！在生活当中，正常的人际沟通是必不可少的，而人际沟通其实就是一种语言行为。语言交际行为理论认为，任何沟通交际都必须具备三要素。第一，语谓行为，也就是我们要说什么；第二，语旨行为，也就是说的用意或目的；第三，语效行为，也就是你说的话在听你说话的人的身上会产生什么样的效果。在语旨行为中，为了表明我们'说的目的'或者是'说的用意'，还必须加上一个恰当性的条件。"

"那是什么条件呢？"张梦甜问道。

"这个所谓的'恰当性'的条件其实有很多种。我大致分为了四种：实质性条件、预备性条件、真诚性条件和命题内容条件。所谓的'实质性条件'就是指语旨行为的目的究竟是什么，也就是你说话之后要达到的目的或效果是什么。'预备性条件'就是指符合交际双方的利益，而且也相信对方能够接受、理解。因此，在语旨行为所表现出来的力量和强度上要有所区别。比如，'建议''要求'要弱于'命令'；'劝告'要弱于'警告'。'真诚性条件'要求说话者一定要有真诚的心理状态，让自己所说的话语恰到好处，绝对不能'戏说'。'命题内容条件'是指语旨用意在所说的话的内容上要有所区别，比如'疑问句'和'陈述句'不同；'劝告'与'警告'不同；'预报'与'报告'不同。总之，一个人的行为语言要符合以上这些条件，才能评价他的语效行为，也就是我们通常所说的能不能说服对方，让对方相信、理解、支持自己所说的话。之前的老师有没有给你们讲过'排中律'？"

"有！"刘咏洁高声回答道。很显然，此时此刻的她精神饱满，就好像完全换了一个人一样，"亚里士多德老师曾经给我们讲过，'排中律'的逻辑要求是为了彻底消除人们认识中的不确定性。不过他也说过，现实生活中，说话闪烁其词的人不计其数，有些是诡辩，有些则是迫不得已。"

"对了！"张梦甜也插话说道，"我记得鲁迅先生在《野草》中讲过这样一个故事。从前有一户人家生下了一个男孩，在孩子满月的时候所有的亲戚朋友都来他家祝贺。有人说这孩子将来能当大官，结果得了这户人家的赏；有人说这孩子将来能发大财，结果也得了这户人家的赏；有人说这个孩子将来是要死的，结果挨了这户人家一顿揍。对此，鲁迅先生无奈地感慨说：'说假话的人得赏，说真话的人却挨打。要是换了我，就只好说：哎呀，哈哈，这孩子，哈哈……'"

张梦甜说完，张清远不解地说："我觉得那户人家没错啊，谁不爱听好听的！退一步说，这孩子刚刚满月，将来怎么会死呢？"

张梦甜转过身去对张清远大声道："别说是人了，只要是有生命的生命体，哪个不得经历生老病死？就算你一辈子身体健康，将来也要老死啊！"

## 到底该怎么说

现实生活中，说话闪烁其词的人不计其数，有些是诡辩，有些则是迫不得已……

一对夫妇生下了一个男孩。孩子满月的时候，所有的亲戚朋友都来他家祝贺。有个人说"这孩子将来能当大官"，结果得了这户人家的赏。

有个人说"这孩子将来能发大财"，结果也得了这户人家的赏。

有人说"这个孩子将来是要死的"，结果挨了这户人家一顿揍。

一个人心想，说假话的人得赏，说真话的人却挨打。于是他说："哎呀，哈哈，这孩子，哈哈……"夫妇两个都笑了。

"你这么说的话的确是，看来是我自己没反应过来。"

张清远说完，密尔老师接着说道："尽管这种回避对'是'与'不是'的选择违反了排中律的逻辑要求，但考虑到当时的特殊语境，还是情有可原的。张梦甜你别冲张清远嚷嚷，因为在鲁迅所描述的语境中，'这孩子将来是要死的'这句话的确是有些问题。因为从语言交际功能中的语用学角度来讲，任何一种完成了语言行为的成功交际语言都是有意义的语言，也就是说，是有具体内容的语言。在通过语言行为实现沟通交际目的时，都应该满足语言行为的'恰当性条件'。所以说，按照此言语行为的意义来理论，语言行为最重要的目的是要令人信服。而'这孩子将来是要死的'这句话，明显不符合语言行为的恰当性条件。因为客人既然是为了祝贺而来，就应该实施'祝贺'的语言行为。然而，那位客人在这样的恰当性条件下，却说出那样的话。尽管他讲的是真的，但显然不符合听话者的利益。因此，一句并非'祝贺'性质的话语，既不符合'祝贺'的真诚性条件要求，也不符合'祝贺'的预备性条件要求，还不符合'祝贺'的实质性条件要求。所以说，这样的语言交际行为就是不成功的。在这样的情况下一味地强调自己说的是真话，我觉得说这话的人有为自己诡辩的嫌疑。"

## 语境的作用及意义

密尔老师继续说道："好了，接下来我们再来讲讲语境的作用和意义。在人际沟通中，思想必须借助自然语言才能得以表达。如何运用语言，同样也是影响着人际沟通是否能够有效地进行下去的一个因素。这就涉及人际沟通的语境问题。"

"所谓的'语境'就是指，人们在交际的过程中表达思想感情的语言环境。它包括听话者、说话者、说话的地点和时间，还有交际者已经共同具有的知识因素等。语境可以分为广义和狭义两种。狭义语境通常是指当下正在运用的语言的前后语，而广义上的语境除了这些之外还包括双方表达思想时的社会语境。**要知**

道，人际沟通中的歧义句就是依赖于语境的句子，也就是说只要它们离开了语境，听话者就不能再确定其所指，也就不能明白其表达的意思。关于这点最典型的例子就是你们中国的歇后语。你们对一些歇后语的理解，必须要联系到说话时的场景。

"你们还要记住一点，那就是语境总是具体的，因为不同的知识背景会构成不同的交际语境。因此，在通俗语境中，'说什么'就应该运用双方都能听懂的语言来沟通，否则谁都听不懂对方说的是什么。在说话的时候也不能过分地修饰，否则会妨碍想要实现的目的。"

"老师，您能告诉我们'词语歧义'是什么意思吗？"

"所谓的'词语歧义'就是指，一个多义词在使用的时候不能很好地表明自己要表达的到底是哪一种含义，因此人们对它的含义就可以做出很多种意义的解释，这样的语言现象就叫作'词语歧义'。不过，一个多义词在确定的语言环境下表达的到底是哪一种含义，通常可以通过具体的语言环境来将其限定，从而使沟通交际的双方从已经确定的语境中正确理解所使用词汇的含义。

"另外，在我们现实生活的沟通交际中，语言环境不仅仅是具体的，还是独一无二的，因此语言环境可以直接影响沟通交际的效果和方向。也就是说，在特定的语言环境中，我们选择什么样的语旨行为，要达到怎样的语效，产生怎样的结果，恰当性的条件是什么，如何才能符合合作原则，这些都是很具体的事情。在如此具体的情况下，每个语言环境都是独一无二的。

"这方面其实也有很多的例子。比如，中国人在陕北高原，面对千沟万壑时能一嗓子唱出信天游，可把陕北民歌放在江南古道上唱，那显然就不合适了。对于那里来说，更合适的显然是采茶小调。同样的道理，蒙古长调也只有在辽阔的大草原上唱才合适。

"而在大地震中，热爱生命、关注生命、尊重生命始终是这种语境下的唯一主题。在那种情况下，我们生活中的'短信竞猜'之类的语言显然都不符合当时语境下的恰当条件。因为这些语言无论是想论证什么，都是在调侃生命。也就是说，在那种情况下说出那种话，产生的肯定是负面效应。关于这一点，我还有其他的例子可以证明。据我所知，中国过去很多的商家店铺都喜欢贴具有自己特色的宣传语来渲染气氛，对吗？"

张梓茗笑了笑说道："这的确是我们中国的特色。而且不仅是在过去，即便是在今天，用这种方式来渲染气氛的店面也是随处可见。比如，早些年的剃头铺子在门口会挂出这样的宣传语——来客都得低头，看我顶上功夫。"

## 如此宣传

不同的语境能给顾客带来不同的心理。

张梓茗说完，密尔接着说道："没错，这样的宣传语挺好的，清楚地反映了店铺的经营项目。不过据我所知，中国有些剃头铺子很喜欢吹牛，有时候甚至会吹过了头。"

"此话怎讲？"

"呵呵，我还听说过这样一句宣传语——问天下头颅几许，看老夫手段如何！"

此话一出，班里的同学都不禁哈哈大笑。笑声过后，密尔接着说道："是啊，看见了这样的对联，你说谁还敢进去剃头，因为人们实在是不知道他剃的是头发，还是脑袋。尽管这只是个笑话，但写对联者显然是利用了词语歧义来表达'理发'的意思，故意模糊其在待定语境中的确切含义。这就属于模糊语境中的诡辩了。"

"哦，对了！"刘咏洁突然插话道，"老师，说到这里我还想起来一个笑话，我觉得和您说的意思也差不多。"

"是吗？那你给我们讲讲吧。"

"这个故事是我在报纸上看到的。说某个人在年初向别人借了 16000 元。到了年中时，这个人还了一万。对方就出具了'某某人今还欠款 1 万元整'的纸条，一式两份。尽管两个人在这张纸条上都签字了，但纸条上并没有明确写明这是收据，落款也没有写明'收款人某某某'。当这个人再去还剩下的 6000 元时，那个人突然对他说要还 1 万，还拿出了当初的纸条为证。那个人说：'纸条上写得清清楚楚，你还欠我 1 万块没有还！'"

"可恶的家伙！"张梓茗生气地说道，"这个人也太奸了，这分明就是利用多音字来讹诈对方！"

"没错，"密尔老师点点头说道，"按照常理来说，在对方还钱的时候，自己所出的收据只能是'对方已经还了多少'，而不是'对方还差多少钱没还回来'，这是还钱时的特定语境决定的。这个人的奸诈之处就在于，他利用'还'这个多音字的语音歧义来模糊语境。对付类似的诡辩，我们唯一能做的就是还原其特定语境，并在特定语境中解释某一概念的确切含义。"

"总之，任何有效、正确的沟通交际，使用的概念、判断都应该在确定的语境中自始至终地保持确定的同一性。因为只有这样，我们才能正本清源，澄清那些被搅浑的水，正确选择有意义的语旨行为，并让它符合人际沟通中的合作原则、恰当性条件，使人际沟通正常、有效地进行下去。"

就在这时，下课铃突然响了。密尔有些无奈地说道："真没想到这么快就下课了，其实我还想给你们讲一些东西的。不过也没什么关系，因为如果你们能把我今天给你们讲的内容全部掌握就非常不错了。就像我在刚上课时所说的，今天所讲的内容跟以往的课相比更加注重实用性，如果你们能把我讲的知识真正运用到自己生活中的人际沟通上，就会对你们产生很大的帮助。好了，闲话就不多说了，同学们再见！"

密尔老师走后，刘咏洁的脸上终于露出了笑容，她背起书包就往外跑。这时张梦甜一把拉住了她，不解地问道："今天一天你都快快不乐，怎么到了放学这会儿突然来精神了？"

刘咏洁不好意思地笑了笑说："因为我现在就要学以致用，用在课堂上学到的沟通方法回家试着和我妈妈沟通，争取消除我们之间的误会！"

 密尔老师推荐的参考书

《精神科学的逻辑》 约翰·斯图尔特·密尔著。本书阐述了精神科学是否存在或能否存在，它们可以实现的完善程度，以及通过对哪些方法进行何种选择或修改才能达到那种完善程度。

《逻辑体系》 约翰·斯图尔特·密尔著。本书丰富了归纳法，提高了归纳法在逻辑中的地位。

# 策梅洛老师主讲"诈骗"

拆穿骗局其实很简单。

恩斯特·策梅洛（Ernst Zermelo，1871—1953）

　　恩斯特·策梅洛，德国数学家，公理集合论的主要开创者之一。他先后研究数学、物理和哲学；在柏林大学获博士学位；后留在柏林大学，研究流体力学。之后执教于哥廷根，在那里完成了教员资格论文。

这些天，张梓茗一直在关注法制节目，尤其是诈骗案。因为在上周六他的姑姑被骗走了好几万块钱。虽然这让他感到很恼火，但毕竟是自己的姑姑不够谨慎，所以无奈之下的他只能天天看法制节目，以了解如何防范。这些天来，不管上学、放学，他脑子里想的全是这事。

## 诈骗属于逻辑学范畴吗

"大家好，我叫策梅洛。我的主要身份是德国数学家，但对逻辑学也有一些研究。最后一堂逻辑学课就由我来给你们上。"

"什么，最后一堂课了吗？"刘咏洁在前面的 15 堂课中学到了不少东西，现在的她对逻辑学产生了浓厚的兴趣，因此当她听到这个消息时，心里多少觉得有些可惜。

"没错，真的是最后一节了，"策梅洛笑着说道，"我知道，大家通过前面的 15 堂课学到了不少东西。因此我想给大家讲讲诈骗，以及如防诈骗。估计这应该是 16 堂课中最贴近生活的一堂逻辑课了！"

张梦甜不解地问："诈骗是犯罪，所以它应该属于犯罪学，怎么能是逻辑学要讨论的话题呢？"

"哈哈，如果脑子真的好使，在关键的时候能转过弯儿来，还能受骗上当吗？"

策梅洛便把头转向大家，严肃地说道："我希望你们能记住，逻辑学无处不在。没错，诈骗这种事的确应该属于犯罪学，但我今天要和你们讲的不是罪犯诈骗了多少钱，而是嫌犯和受害人之间的思想斗争，还有诈骗的过程。这些都会运用到逻辑学。所以换一种角度来说，'诈骗'也属于逻辑学的范畴。因此，在今天这堂课里，我将为你们讲讲欺诈的结构与功能，以扩展大家对现实的理解。了解骗子的手法，可以保护自己不被各种形式的骗术迷惑。此外，你也能学到如何在虽然处于灰色地带，但仍属合法的交易领域保护自己的利益……"

## 诈骗的六个步骤

"在生活中或是在网络上，你们会见到各种各样的诈骗案。我认为诈骗案可以分为六个步骤。

"第一步就是劝诱。这样的工作通常是交给下套的人来做的。他们的任务就是想办法让受害人进入自己的圈套中。因此，这些给你下套的人会用尽各种各样的方式来换取你对他的信任。少数人甚至还会拿出所谓的'正规证件'，而这其实只是一种提高自己可信度的推销术。

"此外，劝诱还具有诈骗性质，由所谓的'业务代表'通过各种手段给消费者一个购买的理由，一个无法拒绝的理由。有时甚至会直接告诉消费者：'来买这个吧，要是不买，你就是傻子。'

"当以上手段没有效用的时候，他们会拿出更强力的武器，比如数据。数据是一切的根本，具体的数字远比一个模糊的概念量词强大。模糊的形容总是给人以不安全感。对于死理性派来说，数字就是一切。不要告诉我你的车跑得多快，我想知道你的车的百公里加速是 4.5 秒还是 9.5 秒；不要告诉我你的相机成像清晰，我想知道你的相机像素是 500 万还是 2000 万。当客户没有理由信任你时，数据是最有说服力的劝诱。

"第二步是诱因。'诱因'就是被害人遭到诈骗的主要原因。在典型的骗术中，最常见的诱因就是骗子告诉你能在短时间内快速致富，或者是有其他的好处。当然，有的骗子也会利用你身上的优点作为钓饵。比如，对非常有爱心的人士，骗子会假冒慈善机构让你捐钱。然而实际上，你辛辛苦苦挣来的血汗钱一分都没送到灾区或者是贫困地区，而是全部装进了骗子的腰包。

"第三步就是托儿。什么是托儿？就是假装不认识骗子，但实际上是跟骗子一伙的人。他们为了配合骗子，在你面前故意装疯卖傻，好让你上钩。比如在拍卖会上，会出现很多假买家故意哄抬价格的情况。

"第四步就是调包。在骗局中，骗子们总是会抓住合适的时机将物品调包，也就是用事先准备好的假东西来骗取事主的真东西。比如，受害者本来以为自己

# 诈骗的步骤

尽管世界上的诈骗案无数，但从逻辑学的角度认真总结，基本上都逃不了出这六个步骤。

我们赶紧把东西换了，这样就能发财了！

④ 调包

你怎么还不给我钱？你要是再这么慢，这东西我可就给别人了！

⑤ 压力

你放心吧，绝对是货真价实。你不用找专家来鉴定了，现在的专家你还不知道？为了赚钱，真的也给你说成是假的！

⑥ 延迟

拿到的是货真价实的翡翠，其实那只是骗子用啤酒瓶改造的。又或者，受害人以为自己真的拿到了一枚价值连城的 2000 年前的古罗马钱币，但实际上它是骗子昨天刚刚做好的。

"当然，也不是所有的骗子都那么精明，有些时候诈骗集团的调包技巧也十分拙劣，比如用铅砖代替金砖。这种骗术在 20 世纪 70 年代的纽约比较盛行，那时不少人都上当受骗了。很多骗子都知道老人好骗，于是专门去骗老人。他们还让老人为自己购买的'金砖'交一笔保管费。为了获取老人的信任，这家公司会定期将老人买下的'金砖'的照片送到老人手中。"

策梅洛讲到这里时，坐在讲台下的张梓茗突然笑了："这帮老头老太太可真傻，他们也不想想，如果那金砖是真的，那该多值钱啊！骗子们会放着金砖不要而以廉价的方式卖给别人吗？"

"所以说，这就是逻辑学在生活中的作用。当骗子找到那些老人时，老人们通常都会认为自己得了便宜，有的人甚至是见钱眼开。因此他们就会丧失理性，不能准确做出理性的判断。好了，你接着听，我往下说。

"第五步就是压力。也就是说骗子在调包之前或是调包之后，会催促受害人同自己进行交易，或者是想办法让受害人在做出理性、谨慎的思考之前迅速交易。通常的做法都是对受害人加以时间限制。骗子们不是说'现在不赶紧行动以后就没机会了'，就是说'我已经找到新的买主了，而且人家出了更高的价钱，您要是不买我就卖给别人了'。总之，骗子会想尽一切办法让受害人现在就做，而且动作要快！

"最后一步就是延迟，这不仅仅是整个诈骗过程中的最后一步，也是最重要的一步，其目的就是想办法阻止受害人报警。可以说，'延迟'是整个诈骗计划的核心部分。我认为，主要分为两种，分别为时间延迟和法律延迟。

"所谓的'时间延迟'就是说，罪犯会将时间无限制地往后拖。比如，如果骗子以低价将一颗假钻石卖给了受害者，他就会想尽办法阻止受害者去专业鉴定机构估价。因为只要将这东西拿给专家一看，一切就会真相大白。

"所谓的'法律延迟'则是指，受害人在已经知道自己上当受骗的情况下迟迟不愿意报警，主要的原因应该是骗子在骗局中唆使受害人跟着一起犯下了罪行。如果这点做不到，那诈骗者就会想办法将受害人的名誉搭进去。"

## 只有经过逻辑思考，才能识破骗局

"我希望你们能记住，当你们发现自己上当受骗时，不要把所有的火气都发泄在骗子身上。没错，骗子骗人是犯罪，但更多的时候我们也应该想想自己的错误。如果不是因为贪婪、偏见、野心让我们丧失了理智，骗子能得手吗？

"虽然诈骗行为的形式是多种多样的，但是我们把握了诈骗者的诈骗步骤并加以防范，还是可以使自己避免误入歧途、落入圈套的。更何况，很多骗子的手段并不见得很高明，受骗的主要原因还是在于受害人本身。

"受害人通常具有一些不良或幼稚的心理意识，这是诈骗分子之所以能轻易得手的关键。易被诈骗分子利用的不良心理意识可分为这样的几种：一，虚荣心理；二，不做分析的同情、怜悯心理；三，贪占小便宜的心理；四，轻率、轻信、麻痹、缺乏责任感；五，好逸恶劳、想入非非；六，贪求美色的意识；七，易受暗示、易受诱惑的心理品质等。因此，无论在什么情况下，理智地分析和谨慎地思考都是最重要的。"

"老师，那您能不能出个题或者是说一个骗局来考考我们，这样我们也能知道自己之前的那15堂课到底有没有掌握。"张梓茗问道。

"可以，不过在这之前我还要对你们说，世界上没有任何一本书能将世界上所有的诈骗都介绍清楚。因此最好的做法就是，好好训练辨识我刚才说的这六个步骤的能力。下面我给大家出道题。"

说完，策梅洛便将题目用 PPT 为大家展示了出来。

律师：有人来到我的办公室，问我是不是国际法律师。

策梅洛：可是，你对国际法知之甚少啊！

律师：这我知道，不过我还是对那个人说了"是"。

策梅洛：你这是在胡说八道！

律师：他要和某位哥伦比亚人合作，需要一位中间人。通过这个人的协助，他就能得到哥伦比亚政府的允许，打捞一艘沉没在哥伦比亚北方八海里海域的藏宝船。现在这笔交易已经谈成了，哥伦比亚的官员连贿款都收下了。据说这艘船上有很多西班牙金币，价值足足有 8000 万美元！

策梅洛：但这一切跟你有什么关系？

律师：当然有关系！要知道这可是发财的机会！于是我费了九牛二虎之力，终于说服那个人放弃原来的中间人而让我成为中间人。

策梅洛：哈哈，你这话我听起来觉得可笑。这么好的机会，人家会轻易放弃吗？

律师：当然不会！最后我跟他说，你要是不想退出也可以，但必须让我加入，否则我就到当局将这件事情告发！他们最终答应让我加入，条件是让我先支付 50 万美元，而且是现金！因为他们现在急缺现金。

策梅洛：现金？

律师：是啊，那是贿款，所以必须用现金。

策梅洛：但是你现在还不知道他们究竟在哪儿。

律师：你怎么知道？事实上，自从我交完钱之后就再也没见过他们，不过我想他们也去不了别的地方，这会儿应该在海底挖宝藏呢！

策梅洛：你错了，他们现在应该在某个地方潇洒地花你的钱。

律师：不可能！他们走之前把地图给我看了，还押在我这里做担保！你看，上面画得很清楚，红色的十字就是沉船的地点。

策梅洛等大家阅读完，向同学们说道："这位律师是我的一个朋友，这是他在前一阵特意跑到我家里告诉我的一桩大买卖。现在我想问问张梓茗，你对这件事情怎么看？"

张梓茗想了想，说道："这是一起诈骗案。我认为这件案子中一共有两个托儿，一个是那名腐败官员，另一个是那个不情愿退出的中间人。至于调包，则是拿一张不值钱的假的藏宝图换了 50 万美元；压力则是来源于那位不愿意退出的中间人；诱因是迅速发家致富；延迟是怕自己将自己干的蠢事说出去之后遭到他人的嘲笑。他身为律师，却为自己的非法利益而主动向他人行贿，这些都是非常丢人的事情。"

"张梓茗同学，你回答得很好。事实上，关于这类案件还有另一种骗人的伎俩。那就是'宝藏'的确存在，但是毫无价值。骗子会想办法将这样的'宝藏'卖给那些毫无经验的人。骗子带买主去实地勘察之前，通常都会自己先到那里，往宝藏的入口处撒上一点儿金屑，或者是放点儿值钱的东西。当买主看到所谓的'宝藏'时，自然会将这些金屑带回去化验。当他发现果然是金子时，自然会相信骗子，并答应骗子提出来的所有要求。很多人都被这种手法骗走了钱财，因此大家便开始注意这种诈骗。因此，现在的买主往往会要求自己选择勘探地点，这样就可以避免片面拣选证据。"

"但是正所谓道高一尺魔高一丈，骗子之所以能成为骗子，也是有两下子的。面对防诈骗，他们的应对措施也有很多。比如说死蛇诈骗。"

"所谓的'死蛇诈骗'就是说骗子先将一条蛇杀死，然后再找一个托儿，将死蛇放进托儿的袋子里。然后这个托儿便会陪着买主前往买主指定的探勘地点，趁买主不注意时将这条死蛇扔在地下。之后，他假装发现了蛇，并对着蛇开枪。"

"那又怎么样？我可没看出什么来！"

"呵呵，整个骗局的玄机就在于那把枪。他们事先将枪里的铅弹换成了金屑，开枪之后死蛇周围自然会出现很多金屑。这样看起来就像真的金矿了！其实在这个案件中，劝诱者就是那个假金矿的卖家。你不要小看这种人，他们通常都是老探矿家。他们中有的人之所以会这样做，往往是因为这些人马上就要退休了，所以他们想把那些根本没有价值的矿区卖给那些没有经验或是容易上当受骗的人。而诱因就是买主心中的发财梦。调包则是用一条死蛇和一点儿金屑换来了买主的钱财。压力则跟上一个案例一样，你不干，有的是人等着干。最后的延迟就是当买家发现这个金矿早已经被挖得一干二净时，骗子早已经跑到千里之外了。"

# 宝藏是这样出现的

骗子之所以会得逞，主要原因是买主急于求成，而且往往相信天上掉馅饼的好事，因此才不会缜密、细心地思考。如果当初双方刚见面的时候，买主提出自己一个人单独勘探地点，或许骗子就没有机会了。

只要有了这一点点，那些笨蛋就容易上钩了！

哈哈，这下我可发财了！

是你带我来的这儿，所以光凭你这么说我还是不能完全相信你，我要自己回去验验真假！

你看，我没骗你，这的确是金子！

果然是真的！看来那地方真有宝藏！我现在要马上把钱给人家，然后赶紧去挖宝藏！

策梅洛讲完，张梓茗不禁感叹道："看来只是指着这短短的 16 堂课还是不行啊，我需要学习的还有很多。虽然最开始我对这门课没有多大的兴趣，但现在我必须向包括您在内的 16 位不远万里来到这里给我们讲课的老师说一声谢谢。你们不仅激发了我对逻辑学的兴趣，更重要的是，你们让我知道了在生活当中应该如何思考，如何分析，如何判断，如何将自己的人生掌握在自己的手里！"

"没错，现在人们的生活压力很大，也很累，因此在身心俱疲的情况下出现幻想也是情理之中的事。然而，梦境毕竟不是现实，人们是活在现实中的。人们学习、了解逻辑学最大的好处就是能建立理性的思考模式，它让人们一步一步地走向真理。其实，文明的盛衰完全掌握在我们自己的手里，关键就在于我们在面对一切事物时能不能理性地思考。如果我们能及时纠正错误的思考，那么国家将会昌盛，文明将会永存。"

正在这时，下课铃响了。策梅洛微笑着对同学们说："我的任务完成了，你们的最后一堂逻辑课也结束了。希望我们这 16 位外国老师讲的知识能让你们有所收获，并在你们今后的人生路中起到正面的作用。好了，同学们再见！"

尽管策梅洛老师已经走出了教室，但同学们没有马上离开座位。他们望着此时已经空荡荡的讲台，心里真的有点儿舍不得。

 策梅洛老师推荐的参考书

《隐藏的逻辑》 马克·布坎南著。本书告诉我们，了解群体组织的规律是这个时代面临的主要挑战。这本书例证丰富，论点尖锐，容易理解，书中有很多有趣的游戏和刺激的实验，为我们看待人的社会行为提供了一个全新的视角。

《训练逻辑思维的 100 道趣题》 皮埃尔·贝洛坎著。本书仅涉及逻辑趣题。所有的趣题都经过仔细筛选和精心设计，难度适当，不仅不会让读者们解不出，也不会让读者们觉得太过简单。能让读者在解答的过程中享受逻辑学的乐趣。